U0039446

楊本禮——{著}

世界美食
風華錄

Delicious Food
in the World

萬卷書籍，有益人生
——「新萬有文庫」彙編緣起

　　台灣商務印書館從二〇〇六年一月起，增加「新萬有文庫」叢書，學哲總策劃，期望經由出版萬卷有益的書籍，來豐富閱讀的人生。

　　「新萬有文庫」包羅萬象，舉凡文學、國學、經典、歷史、地理、藝術、科技等社會學科與自然學科的研究、譯介，都是叢書蒐羅的對象。作者群也開放給各界學有專長的人士來參與，讓喜歡充實智識、願意享受閱讀樂趣的讀者，有盡量發揮的空間。

　　家父王雲五先生在上海主持商務印書館編譯所時，曾經規劃出版「萬有文庫」，列入「萬有文庫」出版的圖書數以萬計，至今仍有一些圖書館蒐藏運用。「新萬有文庫」也將秉承「萬有文庫」的精神，將各類好書編入「新萬有文庫」，讓讀者開卷有益，讀來有收穫。

　　「新萬有文庫」出版以來，已經獲得作者、讀者的支持，我們決定更加努力，讓傳統與現代並翼而翔，讓讀者、作者、與商務印書館共臻圓滿成功。

台灣商務印書館董事長　王學哲

自　序

　　《世界美食風華錄》一書的主要內容，可分兩部分探討：

　　首先是著重在世界飲食文化的形成。從它的過去到未來，在一條持續發展的軌跡中，找出為何在興盛之世，飲食文化必大放異彩，而在一個衰敝的世代裡，飲食文化卻無任何發展可言？由於地球村的形成，飲食文化開始走向一個新的境界，沙文飲食文化不再故步自封，轉而進入了協合時代；新興的飲食文化也走出了一條康莊大道；以往東西飲食文化是相互排斥的，現在也走向相互浸染和相輔相成了。

　　其次是在本書二十章的篇目中，先從歐洲飲食文化的源起談起，隨後講到全球飲食文化的形成，並點出歐洲飲食文化的精髓之所在。

在英國飲食文化篇中，主要討論英國人對世界飲食文化的最大貢獻是飲之不盡的威士忌好酒，還有英國人倡導而風行全球的喝茶文化。

法國人是一個喝葡萄酒的民族，更是一個快樂的民族。因為法國人自始至終都相信，只有喝葡萄酒的人，才是一個樂天知命的人。法國的酒莊飲食文化，為法國觀光事業展開新局。

義大利人和中國人一樣，都是用蒜最多的民族，義大利的美食和美酒都來自地方性的餐廳和酒館，而非出現在五星級的旅館和大酒店裡。

地中海式的健康飲食，一向都是南歐諸國飲食的主軸，不過速食文化已經快把這條主軸撞歪了。

德、俄兩國給世界飲食文化貢獻最多的是啤酒、白葡萄酒、伏特加酒、馬特拉甜酒、魚子醬和酸菜加德國豬腳。

美國的速食文化為它帶來了嚴重的健康和社會問題，因為痴肥族群有增無減，不僅消耗了巨大的社會成本，而且也造成了貧富差距的對立。不過在美國篇章中會介紹一些飲食文化中有趣的典故，譬如雞尾酒名字的來源，更為女士們在約會時提供一些點雞尾酒的訣竅。

亞太地區幅員廣闊，當它反應到飲食文化中時，也有如萬花筒般，展現出千變萬化的美麗圖案，多元化的亞太飲食文化由是形成。

　其中日本獨特飲食文化的形成更是其來有自，大和民族與大海合作以謀生計，為日本人培養出刻苦奮鬥的民族特性；而「定食」也讓日本人在做人處事方面，規格相隨、有板有眼，沒有凡事馬虎的習慣。

　東南亞的回教飲食文化因受到回教教義框框的影響，沒有辦法突破，反倒是置身其中的新加坡，因為多元文化讓它成為回教飲食文化中的一顆明珠。不過隨著觀光浪潮的席捲，東南亞飲食文化的藩籬也有鬆動的跡象。

　泰國飲食文化自成一格，主因和她從來沒有受到外來統治有關；而印度因為經濟起飛、中產階級興起，以往階級制度帶來的封閉飲食習慣，也起了革命性的變化。

　澳紐兩國新飲食文化的形成，都是上個世紀八〇年代左右的事情，因為兩國有得天獨厚的食材資源，雖起步較慢，但也逐漸在世界飲食舞台上綻露頭角。

　非洲大陸的飲食文化值得推介的有兩類：一是充滿原野氣息的非洲料理；二為南非的葡萄酒。前者起於觀光事業的興起；後者則在聯合國解除對南非經濟制裁之後。南非的葡萄酒現今已在世界葡萄酒市場中佔有一席之地，但是非洲料理，要想出人頭地，倒還有一條漫長的路要走。

香港的飲食文化源自廣州，不過它的發展卻分兩個不同的階段。而時勢使然，香港料理與廣州相比，已有青出於藍而勝於藍的氣勢。

台灣飲食文化的傳承，可分三個階段論述。不同的階段反應了當時社會的動態，改變的情況常能在不經意中，由飲食文化表露出來。

本書最後一章專門討論咖啡，因為它算是飲食文化中的另類，它有悠久的歷史和坎坷的命運，也是命運使然，讓它終能在另外一個世界中大放光芒。

不要以為飲食只是吃喝的表徵，其實它的背後都隱藏著每一個民族、每一個國家興榮凋敝的歷史故事。每逢歷史盛世，飲食文化必大放異彩，因為它是國力的自然展現；反之，在一個衰敗的世代裡，百姓能填飽肚子已屬萬幸，那有餘力去研發飲食文化呢！

飲食也是一種文化的擴張，這種擴張是融和的，而非排斥和獨佔的。在本書各章節中都能看到許多實例：人們透過飲食去了解過去沒有接觸過的東西、透過飲食可以糾正過去的錯誤觀念、甚至透過飲食化解了不必要的歷史仇恨、更透過飲食拆除了許多人為的心理屏障。

作者在世新大學觀光系講授「飲食文化」，希望讓學生了解，觀光和飲食推廣是不可分的，並寄望他們能在日常的飲食生活中去了解「粒粒皆辛苦」

的深義，更希望這本書為閱讀人帶來開闊的視野和
豐富的世界美食風貌。

作者夫婦在雪梨洲際大飯店品酒室品酒

踏著碎石路走過法國小城（BEAUNE）

目錄

Contents

Contents

Contents

Contents

第一章
歐洲飲食文化的源起

吃得講究，活得愉快

　　歐洲飲食文化始於法國國王路易十四（Louis XIV，1643～1715）。他在位期間，任命柯爾伯特（Colbert）出任首席部長，掌管法國文化。柯爾伯特是一個注重品味的人，在他出掌文化部長期間，法國首都巴黎變成歐洲時尚之都，飲食方式成為歐洲其他國家追逐的目標。於是，品味加上美食、美酒，不只給法國，也給歐洲人帶來深遠的影響，其中表現的最顯著的是，要「活得愉快」（Eat, drink and be merry）。這條「活得愉快」的法則代代相傳，時至今日，歐洲人的確是一群快樂的民族。

　　很多歐洲人寧可少賺幾個錢，也不願意長年工作。一般美國人和亞洲人都認為他們這種人生觀不可思議。其實，美國人和亞洲人對歐洲人的飲食文化沒有深入了解。從整個歐洲飲食文化的演進來看，歐洲人的人生觀

是要一天比一天活得快樂。法國人的祖先常說，懂得喝葡萄酒的人是天生快樂的人，法國人如此，南歐人又何嘗不是？歐洲人對飲食文化的專注，也就是說明了活得愉快比甚麼都重要。

歐洲人工作時間之短，假期之長，都為全球之冠。其主要原因不外是要利用假期，享受美食和美酒。如果說，歐洲人在假期的時候沒有吃喝享受的話，相信，他們也就會像工作過勞族一樣，整日忙碌於家計了。

大家不妨看看，坐在巴黎香榭里榭大道上的法國人，他們在下班之後，人手一杯紅葡萄酒，或白葡萄酒，特別是薄酒萊酒季節來臨，更是人人都在享受新酒，面露喜悅笑容，享受美好一日的「開始」；看看坐在義大利大城小鎮路旁的義大利人，喝著咖啡，或品嚐鄉村自釀葡萄美酒，彷彿營營役役的世間事都和他們無關；看看南歐的西班牙人，雪利酒是他們生活的一部分；鄰國葡萄牙人慶祝波特酒豐收，興高采烈的場面，好像和世

每年 11 月的第三個禮拜四，即是品嚐薄酒萊酒的時節。Beaujolais 是指位於法國布根地（Burgundy）南邊的一個產區。而由當年當地採收的「佳美」（Gamay）品種葡萄所釀造，不經橡木桶存放，直接裝瓶上市的酒即為薄酒萊新酒。飲用此酒最佳的溫度約在 10°C～14°C 左右，因此飲用前稍加冰涼降溫，才能充分展現薄酒萊新酒的濃郁果香。

間煩麻之事隔絕；希臘人過著無憂無慮的生活。以上種種歡樂情景，如果沒有受到優良飲食文化傳統的薰陶，絕對培養不出快樂的世代，而且綿延不斷的相傳。

　　不要小看飲食文化，也不要以為它只不過是吃、喝、玩、樂的一環；其實，它有深邃精緻文化的一面，因為它含有優質生活的因子。君不見，為甚麼歐洲人的文盲和犯人的比例，都比其他國家低？為甚麼歐洲人的壽命要比其他國家的人略長？歐洲老人要比其他國家老人健康？說的明白一點，就是歐洲人比其他國家的人重視飲食文化，日子自然過得很快樂了！

　　在以下諸章中，將詳細介紹歐洲國家飲食文化博大精深的一面。

CAFFE FIASCHETTERIA 建築於 19 世紀，是一間鼎鼎有名的 WINE BAR。

第二章
全球化飲食文化的形成

第一節
葡萄酒和新興菜餚相配的簡易雛型

在飲食文化的領域裡，葡萄酒和菜餚相配是很重要的一章，而且有一套不成文的規則，這套規則是有百年來的經驗累積而為世人所接受。可是全球化已是一道擋不住的洪流，飲食文化也首當其衝。因為本土的主要菜餚一旦登上國際飲食舞台之後，它打破了傳統，以往飲食相配的規則再也不能廣為適應；再者，除了飲食融合（Fusion）之外，一個新的統合名詞也出現，即就是「Nuevo Latino」（拉丁新貴），其意是說，拉丁美洲的重口味菜餚，如阿根廷菜、智利菜和墨西哥菜等也走入世界飲食文化的舞台，它也能和北半球的酒餚相配，墨西哥和美國加州口味的融和，就是一個最好的例子。

有了東西相配在先，再加上南北在後，全球化的飲食文化也在形成中。

在上個世紀八○年代以前，在西方社會的跨國飲食圈裡，主流的酒和菜，總脫離不了法、義兩國的框架，而南歐的飲食尚未進入跨國的版面；東方的菜餚，也只限於在本身的區域裡發展，即使有一些跨國的餐飲，它們的立足之地多集聚在本國的移民區，能夠打入當地社會的飲食精華區的外來餐館，可說是鳳毛麟角。

可是到了上個世紀的八○年代以後，全球化快速成長，特別是 WTO 架構在九○年代末葉正式成立後，日本菜、泰國菜、印度菜、越南菜、中國菜甚至韓國菜以及非洲菜和南美菜。也都在世界各大都市走出了「移民區鳥籠」，而和當地的主流餐飲平起平坐。於是，在葡萄酒和上述餐飲的搭配，成為飲食文化的新課題。從上個世紀末到這個世紀初，全球化的飲食業

> 2005 年 APEC 高峯會在南韓釜山召開，韓國泡菜也隨著峯會的新聞散佈全球

者都在摸索、探討和研究，看看甚麼樣的新興菜餚和葡萄酒相配，才是最好的「妙方」？現在舉一些已有雛型的例子，做原則性的說明，也希望讀者能舉一反三，做出自己的創意。因為全球化的另外一個解釋就是「全球創意」（Globalized Creation）。

第二節　實例

一、紅葡萄酒

1. 日本料理

　　a. 牛肉麵（Beef Udon）配熱清酒（Hot Sake）

　　b. 烤雞（Chicken Teriyaki）佐薄酒萊紅葡萄酒
　　　（Beaujolais）

　　c. 牛肉火鍋（Beef Sukiyaki）佐美國奧立崗州皮諾
　　　特・奴娃紅葡萄酒（Oregon Pinot Noir）

　　d. 炸嫩豬排（Ton Katsu）佐法國魯瓦河杜林區卡伯
　　　尼特・法蘭格紅葡萄酒（Cabernet Franc, Touraine,
　　　Loire）

2. 泰國菜

　　a. 牛肉沙嗲（Beef Satay）佐薄酒萊紅葡萄酒（用佳
　　　美葡萄 Beaujolais, Gamay 釀造）

　　b. 咖哩雞（Yellow Curry Chicken）：加州辛芬黛粉
　　　紅葡萄酒（California Zinfandel）（註：也可以用白
　　　酒或啤酒替代）

3. 越南菜

　　a. 沙鍋蔬菜拌花生粉醬（Clay Pot Vegetables With
　　　Peanut Sauce）佐佳美薄酒萊紅葡萄酒

b. 沙鍋蔬菜拌生薑和純醬露（Clay Pot Vegetables with Ginger & Shoyu）：義大利杜爾塞圖紅葡萄酒（Italian Dolcetto）

c. 牛肉炒洋蔥加辣芹菜（Wokked Beef Sweet Onions & Peppery Cress）：加利福尼亞梅樂紅葡萄酒（California Merlot）

4. 中國菜

a. 北京鴨（Peking Duck）配奧立崗州皮諾特・奴娃紅葡萄酒

b. 蒙古式牛肉（Mongolian Beef）：阿爾薩斯皮諾特・奴娃紅葡萄酒（Alsace Pinot Noir）

c. 木須肉（Mu Shu Pork）：義大利杜爾塞圖紅葡萄酒

d. 豬肉絲炒麵（Pork Chow Mein）：佳美薄酒萊紅葡萄酒

5. 印度菜

a. 醃魚紅色醬料（Fish Tikka）佐法國珊謝瑞玫瑰露（Sancerre Rosé）

b. 辣茄子番茄（Spicy Eggplant Tomato）：澳大利亞舒雷茲紅葡萄酒（Australian Shiraz）

c. 烤雞塊（Tandorri Chicken）：加州辛芬黛粉紅葡萄酒

d. 捲餅烤肉切片（Rotti Kabob）：美國加州梅樂紅葡萄酒

6. 東西合璧

a. **辣豬肉排骨**（Spicy Pork Riblets）佐美國加州中部海岸皮諾特‧奴娃紅葡萄（California Central Coast Pinot Noir）

b. **紅咖哩燉鴨**（Red Curry Braised Duck）：奧地利茲維吉爾特紅葡萄酒（Austrian Zweigelt）

c. **日本清酒燉短肉排**（Sake Braised Shortribs）：法國庫帝‧魯提（夕拉葡萄）紅葡萄酒（Côte Rôtie, Syrah）

7. 墨西哥菜

a. **烤雞肉**（Grilled Chicken）配西班牙玫瑰露（Spanish Rosé）

b. **紅燒豬肉夾玉米薄餅**（Carnitas）：法國郎‧都克紅葡萄酒，用夕拉或葛瑞那須紅葡萄釀造（Lon-Guedoc, Syrah or Grenache）

c. **辣雞塊**（Chicken Mole Enchiladas）：美國加州辛芬黛粉紅葡萄酒

8. 摩洛哥菜

a. **雞胸肉多種辣料**（Pastilla）配美國奧立崗州皮諾特‧奴娃紅葡萄酒

b. **羊肉香腸煮細麵粒**（Couscous Mergues）：西班牙牛血紅酒（Spanish Rioja）

c. 蜜汁烤小羊腿肉（Lamb Shank with Honey Sauce）：美國加州柏帝特‧夕拉紅葡萄酒（California Petite Syrah）

9. 拉丁新貴菜（*Nuevo Latino*）

 a. 杏果濃汁燉鴨胸肉（Duck Breast/Camote Apricot Puree）佐義大利杜爾塞圖紅葡萄酒

 b. 煙燻辣椒烤豬肉排（Roasted Pork Loin W/Smoked Chili Jus）：西班牙牛血紅葡萄酒

 c. 燉羊腰肉（Lamb Tenderloin）：澳大利亞舒雷茲紅葡萄酒

二、白葡萄酒

1. 日本料理

 a. 烤沙門魚（Grilled Shio Salmon）佐法國查布里或夏多利白葡萄酒（Franch Chablis or Chardonnay）

 b. 甜不辣（Tempura）：美國華盛頓州琪林‧布朗或蘇維翁‧布朗白葡萄酒（Washington Chenin Blonc or Sauvignon Blanc）

 c. 壽司（Sushi）：德國蕾絲玲白葡萄酒（不甜）（German Riesling, Dry）

2. 泰國菜

    a. 泰國炒河粉（Pad Thai）配美國加州蘇維翁‧布朗
白葡萄酒（California Sauvignon Blanc）

    b. 青咖哩炒牛肉（Green Curry Beef）：義大利蘇威
白葡萄酒（Italian Soave）

    c. 泰式辣湯（Tom Kak Gai Soup）：法國阿爾薩斯皮
諾特‧布朗白葡萄酒（Alsace Pinot Blanc）

    d. 茄子碎肉（Ground Pork/Eggplant）：德國蕾斯玲
白葡萄酒

3. 越南菜

    a. 檸檬葉炒牛肉（Beef W/Lemon Grass）佐法國波
都酒區蘇維翁‧布朗或塞米翁白葡萄酒（Borde-
oux Sauvignon Blanc/Semillon, French）

    b. 越式菜肉捲（Imperial Rolls）：美國加州吉武茲
特瑞米爾白葡萄酒（Gewurztraminer, California）

    c. 辣椒、大蝦青木瓜沙拉（Green Papaya, Prawns,
Chili Salad）：德國微甜蕾斯玲白葡萄酒（Ger-
man Riesling Spatlese）

4. 中國菜

    a. 宮保雞丁（Kung Pao Chicken）佐美國加州氣泡酒
（Californian Sparling Wine）

    b. 宮爆蝦仁（Szechuan Prawn）：義大利皮諾特‧葛
麗吉奧白葡萄酒（Italian Pinot Grigio）

c. 酸辣湯（Hot Sour Soup）佐德國蕾斯玲甜白葡萄酒（German Riesling Kabinett）

> 氣泡酒也就是香檳酒，但按照國際規定，只有法國香檳酒區 Champane 產的氣泡酒才能法定稱之為香檳酒，其他世界上的國家所出產的氣泡酒一律不能用香檳酒稱之

5. 印度菜

a. 咖哩蝦（Prawn Curry）佐美國加州夏多利白葡萄酒（California Chardonnay）

b. 紅燒辣白花菜洋薯（Aloo Ghobi）：澳大利亞西米朗夏多利白葡萄酒（Australian Semillon Chardonnay）（註：Semillon 葡萄在法國發音為 Say-Mee-Yon，澳大利亞發音則是 Seh-Mil-Lon）

c. 印度炸三角餃（辣）（Samosas）：德國微甜蕾斯玲白葡萄酒

6. 東西合璧

a. 酥炸魚塊配金桔辣醬（Crisp Fried Fish Kumquat Chili Sauce）佐美國加州皮諾特・葛麗白葡萄酒（Californian Pinot Gris）

b. 白魚白檸白酒（White Fish Meyer Lemon Beurre Blanc）：美國加州夏多利白葡萄酒

c. 清蒸魚配鵝肝（Steamed Fish W/Foie Gras）：阿爾薩斯蕾斯玲白葡萄酒（Alsace Riesling）

7. 墨西哥菜

a. 玉米薄餅煎夾肉（Quesadilla W/Poblano Peppers）配美國加州蘇維翁・布朗白葡萄酒（Californian Sauvignon Blanc）

b. 酪梨醬拌玉米片煮魚辣椒番茄等（Chips Spicy Guacamole or Fish Vera Cruz）：法國波都葛雷夫酒區蘇維翁・塞米翁白葡萄酒（Sauvignon/Semillon, Graves Bordeaux）

c. 墨西哥辣番茄湯（Sopa de Ranchero）：美國華盛頓州蕾斯玲白葡萄酒（Washington Riesling）

8. 摩洛哥菜

a. 摩洛哥牛、羊肉洋蔥辣湯（Harira）佐法國夏多利白葡萄酒（French Chardonnay）

b. 橘子肉拌蝦（Prawn Tangerine）：美國奧立崗州皮諾特・葛麗白葡萄酒（Pinot Gris）

c. 混合沙拉（Assorted Salads）：紐西蘭蕾斯玲白葡萄酒（New Zealand Reisling）

9. 拉丁新貴菜（*Nuevo Latino*）

a. 紅蘿蔔小茴香湯（Carrot/Cumin Soup）：阿爾薩斯皮諾特・布朗白葡萄酒（Alsace Pinot Blanc）

b. 大蝦炸青香蕉拌奶油蒜茸汁（Prawns, Fried Green Bananas, Creamy Garlic Sauce）：西班牙阿爾巴瑞諾白葡萄酒（Spanish Albarino）

c. 鴨肉派（Duck Confit Empanadas）：阿根廷夏多利白葡萄酒（Argentina Chardonnay）

第三章
歐洲飲食文化的精髓
葡萄酒和菜餚搭配格局的形成和其演變

　　歐洲飲食文化源自於法國法皇路易十四在位
（1643～1715）七十二年間。但是，法國飲食文化在世
界上獨領風騷有三百餘年之久，在這段期間，懂得享受
美酒和美食的法國人，憑著他們對飲食的品味和經驗，
慢慢找出一條美酒配佳餚的不成文法則，而這套法則卻
主宰了世界飲食文化有三個世紀之久，而至今仍為歐洲
飲食界的最高指導原則。

　　美酒配佳餚是屬一套只可意會，不可言傳的一種學
問，因此，稱之為不成文法則，並不為過。因為這套法
則是屬經驗的累積，而非學理上的考證。換而言之，它
只屬一種經驗的參考。儘管如此，法式酒餚搭配的格
局，也就形成，它隨著法蘭西的文化傳遍全球各地。法
式酒餚搭配的主要定調是，法國葡萄酒和食物的配搭，
因為從十九世紀到上個世紀八〇年代，法國葡萄酒還是

世界的主流，要談到吃西餐，老饕客們的首先反應是，用甚麼樣的法國葡萄酒才是最佳搭配。當然，這是老饕們的反應，因為他們的舌頭不知嚐遍了多少好酒；不過，對一個初入飲食大觀園的人而言，卻是一個幾乎無解的難題。

如果從「萬變不離其宗」的這個角度來看，對初入門的人而言，應可找到一些可以遵循的規則。本章所要談的就是從食物當中找到酒的搭配，而不是由酒，再挑食物。現在先從肉類開始，摘要出來。

瑞士鄉村房舍

第一節
肉類和葡萄酒

一、牛肉（Beef）

　　牛肉和葡萄酒相配的最重要的原則是，要看牛肉的切法和它的烹調方式，才能決定用哪一類葡萄酒和它搭配。一般而言，法國的卡伯尼特·蘇維翁（Cabernet Sauvignon）是牛排的最佳「良伴」，因為酒本身所含的單寧酸可以分解牛排本身的肥油，有助消化；如果是牛肉塊片（Fillet）的話，可以用味道較輕的法國聖·伊斯達飛（St.-Estephe）紅葡萄酒較佳。

二、小牛嫩肉（Veal）

　　調味不重的小牛肉可以用皮諾特·格里吉奧（Pinot Grigio）相配；燒烤腰肉（Loin）可用布根地（Burgundy）或波都（Bordeaux）搭配；如果是味道重的紅燒小腿或燉肩肉，則宜用鄉土味濃厚的龍河紅酒相佐。

三、豬肉（Pork）

豬肉介於白肉和紅肉之間，因此，它也可以和味淡的紅葡萄酒相配，也可以和白葡萄酒相佐。譬如說法國龍河的「Viognier」（發音 Vee-Yon-Nee-Yay）葡萄釀出來的白葡萄酒，極具果香味，很合豬肉相配。此外，法國的皮諾‧奴娃（Pinot Noir）布根地紅葡萄酒，或者是西班牙「Tempranillo」新酒。法國阿爾薩斯出產的名白葡萄酒「Gewurztraminer」也是和各式豬肉煮法的絕妙佳配。

四、羊肉（Lamb）

在法國，波都紅酒和羊肉是最標準的搭配。除此之外，如果只能選一種紅酒搭配的話，最好是選龍河的 Cote Rotie 紅酒，或者是布根地皮諾‧奴娃紅酒。

五、野味肉（Game Meats）

選擇和野味肉相配的葡萄酒，最重要的是，避免單

寧酸含量過高的酒,因為野味的肉類本身所含的脂肪不高,不需用非常Dry的酒去化解肥油。因此,果味濃的皮諾‧奴娃紅酒是最理想的搭配,極品薄酒萊(Cru Beaujolais)也是另類選擇。

魯瓦河谷名酒堡 CAHTEAU SAUMUR,建築雄偉,俯瞰魯瓦河,煞是壯觀。

第二節
熟肉類和葡萄酒（Deli Meat）

熟肉種類繁多，如火腿肉（Ham）、醃、燻香腸（Cured Sausages）、培根、醃牛肉（Corned Beef）和燻牛肉（Pastrami，用牛的肩部肉燻製，味濃）。在以上各種熟肉類中，它們又可分出許多不同種類和口味，其情況需視歐陸各國不同民風所醃燻出來製品而定。譬如說，以火腿而言，它就可以分出義大利火腿（Italian Ham）、西班牙火腿（Spanish Ham）、德國火腿（German Ham）、美國火腿（American Ham）及法國火腿（Franch Ham）等五種，因為醃燻材料不同，手法互異，其所製成火腿的口味自然不一樣。火腿如此，其他的熟肉類成品也是一樣。不過，熟肉類和葡萄酒相配並不複雜，只有兩條簡單的法則可以依循。

首先，用含有濃厚果香味的紅酒，因為它可以化解醃肉本身辛辣味、鹹味和煙燻味。另外一條法則是，用當地的酒來配當地的醃燻肉，譬如說，義大利燻香腸可以用義大利的國酒基安帝（Chianti）相配，西班牙火腿的最佳搭檔則是雪利酒。皮諾・奴娃紅葡萄酒，則是醃、燻肉類中的最佳搭配。

第三節
家禽類和葡萄酒

家禽類包括雞（Chicken）、鴨（Duck）、鵝（Goose）、小種獵鳥（Small Game Birds）、火雞（Turkey）及鵝肝（Foie Gras），它們都在飲食文化中佔了一席重要地位。

一、雞肉和葡萄酒（Chicken and Wine）

雞肉可以和任何種類的紅、白葡萄酒相配。但值得重視的是，要以雞的煮法來決定用甚麼葡萄酒相佐。舉例而言，如果是吃烤雞的話，從冷卻的薄酒萊（Beaujolais）到濃厚鄉土味的皮諾・奴娃都是最佳選擇，即使是年份較輕的波都紅葡萄酒，也可以和烤雞相佐。

不過，吃客要記住一點，白葡萄酒要比味淡的紅葡萄酒還適宜和雞肉相佐。即使是味道濃烈的白葡萄酒，也能和雞肉搭配。譬如說，法國龍河流域所產的各色白葡萄酒，如 Roussanne、Marsanne 及 Viognier，都是法國吃客們用來配雞肉的好酒。如果想陶醉一下的話，不妨用龍河的白布根地葡萄酒來和烤雞相佐，會有意想不到的效果。

二、鴨肉和葡萄酒（Duck and Wine）

鴨肉本身非常肥潤，而且具有野味的特色。因此，用皮諾‧奴娃相佐，非常相宜。不過，具有龍河特色的紅葡萄酒如 Grenache 和 Mourvedre 也是吃鴨肉時的最佳搭配。

三、鵝肉和葡萄酒（Goose and Wine）

鵝肉本身是屬紅肉的一種，加上本身有強烈的特殊味道，因此它要用鄉土氣息濃烈的紅葡萄酒相佐。最好的搭配莫過於龍河系列的濃烈紅葡萄酒，其中又以Syrah 最佳。但如果想試試醇厚的白葡萄酒和鵝肉搭配的話，不妨用「Condrieu」相佐。Condrieu 是一種加強酒，它是龍河有名的Viognier 和橘子混合再蒸發製成，價位非常之高。只有法國的老饕客才會懂得這種享受。

四、火雞肉和葡萄酒（Turkey and Wine）

火雞是美國人在感恩節中的重要主菜，因此，和火

雞肉相配的紅、白葡萄酒自然是以美國釀造的葡萄酒最
為恰當。

　　紅葡萄酒和火雞肉搭配是一種好的選擇，因火雞本
身也算是一種野味；不過，用比較濃厚的夏多利白葡萄
酒相配尤佳。除此之外，美國西北部出產的皮諾・奴娃
似乎更好。具美國獨特性格的辛芬黛白葡萄酒（Zinfan-
del，這種酒本身有淺粉紅色，因而也贏得少女的紅暈的雅
號），也是另類最佳選擇。一般家庭都會選用辛芬黛，
因具果香而爽口，另外則是價錢適中，合乎大眾的「感
恩節花費預算」。

　　在準備選用葡萄酒和火雞搭配時，千萬不要忘記一
點，蔓越橘醬（Cranberry Sauce）及甜點是火雞大餐中
不可或缺的配料。因此，配酒要注意，因為這兩樣配料
對葡萄酒而言，並不「友善」。

設在龍河SUZE-LA-
ROUSSE 葡萄酒大
學，不僅在法國而
且也是世界第一間
最高葡萄酒學府。

第四節
海鮮和葡萄酒（Seafood and Wine）

　　海鮮包括魚、帶殼魚、醃燻魚及魚子醬。

　　在歐美的飲食習慣中，白葡萄酒配新鮮煎烤魚是最普通的一種飲食規則。魚的種類繁多，但一般常見在菜譜上或海鮮市場上的新鮮魚類不外是：鯷魚（Anchovies）、巴斯魚（Bass，屬鱸魚類之一種）、鯰魚（Catfish）、鱈魚（Cod）、比目魚（Flounder）、鱸魚（Grouper）、大比目魚（Halibut）、鯖魚（Mackerel）、馬海・馬海（Mahi-Mahi，又稱 Dorado，屬旗魚的一種，夏威夷盛產，可以說是夏威夷人的海鮮主菜）、琵琶魚（Monkfish，又稱窮人的龍蝦 Poor Man's Lobster）、鯵魚（Pompano）、沙門魚（Salmon）、沙丁魚（Sardines）、海鯛（Sea Bream）、馬頭魚（Snapper）、潔沙魚（Sole，也就是比目魚，但美國人習慣稱之為 Sole 而不叫 Flounder）、鱘魚（Sturgeon）、旗魚（Swordfish，又稱之為深海之牛 Beef of The Deep Sea）、吳郭魚（Tilapia）、鱒魚（Trout）、鮪魚（Tuna）、比目魚（Turbot，比目魚類中之一種，其肉較 Flounder 硬，但有嚼味。）

一、魚類和葡萄酒（Fish and Wine）

　　白葡萄酒配魚已是一條不成文的規定，不過，用甚麼樣的白酒和魚相配，是一門頂有趣的學問，因為魚的燒法很多，用白酒配的時候，就要看魚的做法，不同的做法，配不同的白酒。

　　譬如說，西方人喜歡吃的咖哩魚，就應該用稍許帶有甜味的德國白葡萄酒；如果是用大量蒜煮的魚，就應該用 Sauvignon Blanc 或者是 Viognier。總之，煮法決定選用的配酒，應是不二法門。本身肉質多而又具有鮮味的龍蝦，配夏多利白葡萄酒應是最佳搭檔。

二、比目魚和葡萄酒（Flatfish and Wine）

　　比目魚類如 Sole、Turbot 和 Flounder 配白酒並不太複雜，其中有一點值得注意的是，上述三種比目魚的做法，多數是把魚肉切成片，然後煎成微黃，再配檸檬及著料，檸檬和著料先天上就會有「反客為主」的「氣勢」。因此，用白布根地葡萄酒相配，才是上選。

三、沙門魚和葡萄酒（Salmon and Wine）

在做沙門魚（鮭魚）的時候，如果是要放很濃的作料的話，不妨用皮諾・奴娃紅葡萄酒，因為它和沙門魚及其重口味的作料相配；要是想用傳統法則以白葡萄酒相佐的話，阿爾薩斯的白葡萄酒 Pinot Gris 非常適合。Pinot Gris 本身有濃郁的香味，沙門魚本身亦復如此，兩者相配，最好不過。

四、鮪魚和葡萄酒（Tuna and Wine）

燒烤鮪魚的最好伴侶是中濃度的紅葡萄酒。譬如說，加州的皮諾・奴娃或者是法國的薄酒萊都非常適合。如果用濃郁味作料來燒烤鮪魚的話，不妨試試加州辛芬黛和澳大利亞舒拉茲（Shiraz）兩類紅葡萄酒，可以調和口味。

第五節
殼類海鮮和葡萄酒（Shellfish and Wine）

殼類海鮮種類繁多，但精於海鮮吃法的法國人，為了要配殼類海鮮的上好白葡萄酒，於是，研發出查布里白葡萄酒「Chablis」（發音 Shab-Lee），它是布根地酒區頂級白葡萄酒，雖然新世界的產酒國澳大利亞和美國都栽種了夏多利葡萄以釀造夏多利白葡萄酒，用以和殼類海鮮相配，但總難超越查布里白葡萄酒的優質境界。歐洲飲食文化的精髓，也隨著查布里白葡萄酒問世，開創了一條更寬廣的道路。

一、蛤蠣和葡萄酒（Clams and Wine）

蛤蠣最忌諱用橡木桶陳年的白葡萄酒。法國Sancerre 或 Macon 白葡萄酒和去一半殼肉留另外一半殼煮法的蛤蠣相配；如果味道重（指作料）的蛤蠣，不妨試試法國魯瓦河的 Vouvray（發音 Voov-Ray）白葡萄酒；如果是味道有濃厚香氣的蛤蠣，濃味的蛤蠣配 Pouilly-Fume 最好。西班牙的芬諾‧雪利（Fino-Sherry）酒是清蒸或烤蛤蠣的最佳搭配。

二、螃蟹和葡萄酒（Crabs and Wine）

可以和螃蟹配的白葡萄酒很多，但有一條基本配法一定要遵守。也就是說，白葡萄酒的酸度（Acidity）一定要高，但橡木桶釀造的氣味要低。舉例而言，德國的不帶甜度的蕾斯玲（Dry Riesling）白酒、法國查布里（Chablis）白酒或 Pinot Blanc 白酒以及加州的 Sauvignon Blanc 等，都是螃蟹的好搭檔。

三、龍蝦和葡萄酒（Lobster and Wine）

和龍蝦的最佳搭配就是法國頂級查布里白葡萄酒（Cru Chablis）。因為查布里白葡萄酒本身帶有極高的酸度，它剛好和帶有鮮甜味的龍蝦肉中和，產生佳美的口感，這是法國人的頂級貢獻。除 Cru Chablis 外，不作他選。

四、淡菜和葡萄酒（Mussels and Wine）

在清香和非橡木桶陳年的白葡萄酒中，要以法國的

Muscadet、Chablis 及 Sauvignon Blanc 三種酒和淡菜最為搭配。如果淡菜的做法是以濃味為主的話，譬如說，加大量的蒜或乳酪，那麼，可以配帶甜味的德國蕾斯玲白酒或者是阿爾薩斯出的蕾斯玲白酒。萬一淡菜是和白酒一起清蒸的話，那麼，用清蒸時所用的白酒來搭配最好不過，但這種搭配並非易事。

五、牡蠣和葡萄酒（Oysters and Wine）

牡蠣（俗稱蚵仔）最好是和法國魯瓦河區的Chenin Blanc 或者是布根地區的Chablis白酒相配，法國食客形容這是「美好的搭檔」（A Nice Pair）。也有一些有情調的人用白葡萄釀造的香檳酒（Blanc de Blanc Champagne）和牡蠣搭配，要能突顯其鮮美之味。

六、新鮮帶子和葡萄酒（Scallops and Wine）

雖然說新鮮帶子可以和各種不同的白酒相配，但最好的莫過於 Chablis。此外，最好讓帶子的煮法來決定喝甚麼白酒。如果是用蒜或乳酪蒸烤的話，不妨用有年份的香檳酒（Vintage Champagn）或白布根地葡萄酒相佐。

七、蝦和葡萄酒（Shrimp and Wine）

蝦和大多數海鮮一樣，它要用非常酸澀及帶有少許或甚至沒有橡木桶陳年的味道。因此，德國的蕾斯玲白葡萄酒最適合不過。不過，如果所烹的蝦是用味重的作料的話，那麼稍微有些甜味的德國蕾斯玲酒，至為恰當。

一般而言，香檳酒是用混合年份的葡萄釀造，即使是好的香檳也不例外，因此，沒有年份印出來。不過，有年份的香檳應是極品，它是用單一葡萄品種釀造才能顯示出年份。

阿爾薩斯北方小鎮
丹巴克（DAMBACH）
風景如畫。

第六節
煙燻魚類和葡萄酒（Cured Fish and Wine）

　　煙燻食物早已是吃的文化的一部分，查其原因，主要是保存食物的壽命，並沒有考慮到煙燻食物所帶來的口味。時至今日，煙燻食物，尤其是煙燻海鮮，它的目的卻和以往的做法相反，口味是首要的考慮，至於保存的原始原因，已不在考慮之列。

　　那麼，要用甚麼樣的白葡萄酒來和煙燻的海鮮相配呢？答案是用魯瓦河谷的 Sauvignon Blancs 白葡萄酒最好，因為酒的本身非常酸澀，它正好中和煙燻食物的重口味。不過，用稍有甜味的德國白葡萄酒來和煙燻鱘魚（Sturgeon）相匹，可說是「妙到巔毫」！

像烈火和紅辣椒般的
伏特加酒。

第七節
魚子醬和葡萄酒（Caviar and Wine）

伏特加（Vodka）和香檳酒是魚子醬的最好搭配。伏特加酒是一種威力很大的酒，其所含酒精成分，越過其他酒類多多，俄國人最精於此道。不過，香檳酒也是美食家用來和魚子醬相配的「酒中之酒」（Wine of The Wines）。

霍布斯堡王朝舊宮，現為捷克總統府。

第八節
蔬菜、水果、乳酪、甜點和葡萄酒

　　葡萄酒和蔬菜、水果、乳酪和甜點相配的吃法，可以說是飲食文化到了新的一層境界，也可以說是歐洲人，特別是法國人，對飲食方面的「偉大貢獻」。因為，葡萄酒和肉類及海鮮相配是沿用一條經驗法則；而它和上述四種食物相配，應是一種創意。若從另外一個角度看，經濟繁榮給飲食專家們帶來一種創意靈感；譬如說，科技發達，農產品的質和量有了重大變化，農技讓新品種不斷出現，也改良了老品種的質；於是，它給喜歡喝酒的法國人啟發了一絲靈感：「何不試試用葡萄酒配蔬菜，看看有甚麼效果。」這偶然的靈感，為「葡萄酒配蔬菜開了一條寬廣的路。」再者，乳酪品質的改良，新的乳酪產品隨著畜牧科技的進步，口味也變成多元化；這些進步的例證，也給葡萄酒的搭配，找到了一個新伴侶。

　　最後，因為葡萄品種透過不斷的插枝方式改良，讓適合和甜點及水果搭配的葡萄酒推陳出新，給食客們有更多重的選擇；於是，葡萄酒和甜點及水果相配也成為一種流風。葡萄酒和食物相配走入了新境界。

一、朝鮮薊和葡萄酒（Artichokes and Wine）

朝鮮薊配葡萄酒是一種新嘗試，因為在二十年前，不少吃客大概還不知道朝鮮薊是甚麼樣的一種蔬菜。

朝鮮薊本身帶有些許甜味，它也會引發葡萄酒的甜分，因此，它最好和極為酸澀的白葡萄酒搭配；沒有年分的香檳酒也是一種不錯的選項。帶酸澀的玫瑰露（Rosé）或 Sauvignon Blanc 也是好選擇。

二、蘆筍和葡萄酒（Asparagus and Wine）

蘆筍本身有其獨特的味道，因此，用酸澀度較濃的 Sauvignon Blanc 白葡萄酒相配最佳。因為 Sauvignon Blanc 本身帶有一種草藥或青草的口感，它和蘆筍特性相吻合。此外，它和紐西蘭的 Sauvignon Blanc、法國的 Chablis、Chenon Blanc 及德國不甜的蕾絲玲相配，都很相稱。

三、蘑菇和葡萄酒（Mushrooms and Wine）

蘑菇本身如果是一種肥嫩和帶有濃厚的土味特質的話，用紅葡萄酒相佐最好，特別是法國的皮諾·奴娃及義大利的 Barbaresco 為上選。法國的薄酒萊也十分相稱。

四、松露（木菇）和葡萄酒（Truffles and Wine）

松露季節時，法國人用豬的嗅覺去採松露。
松露只有法、義兩國為主要出產國。

松露是一種極為昂貴的植物，而且產地有限，量也不多，不易採到。極具鄉土味的法國龍河紅酒是松露的最佳搭配，義大利皮迪蒙特（Piedmont）地區出產的紅酒，也是松露的好搭配。

五、軟質乳酪和葡萄酒（Soft Cheeses and Wine）

一般而言，軟質乳酪又稱生乳酪 Young Cheeses，

吃細軟的乳酪時，好像在嘴裡有一層薄膜，它把紅酒的味道變得稀淡和不爽口，但是香檳酒卻很容易破了這道「薄膜」，生出美味口感。德國和奧地利的蕾斯玲白葡萄酒，因本身少許有些甜味，也是一種好選擇。

六、重味乳酪和葡萄酒（Blue Cheeses and Wine）

Blue Cheeses 又稱發霉的乳酪，主因是乳酪的霉點是藍色，Blue Cheeses 因而得名，因為它發過霉，因此味道很重，非一般人所能承受。因此，吃 Blue Cheeses 時，最好是用法國的薩端（Sauternes）甜酒或葡萄牙的波特（Port）酒相配，因為酒的甜香味可以中和 Blue Cheeses 本身的濃厚味。

七、硬乳酪和葡萄酒（Hard Cheeses and Wine）

硬乳酪的陳年（Aged）時間要比 Soft Chesses 來得長，因此，其硬度較強，如果手腕力不夠的話，有時很難把一塊硬乳酪切成片。

甚麼葡萄酒和硬乳酪相配最好呢？答案很簡單，用主菜喝剩下的紅酒和它搭配最好。

八、甜點、水果和葡萄酒
(Sweeteners, Fruits and Wine)

　　一般而言，即使是正餐，上甜點和水果的時刻，已
是酒席的尾聲，各種不同的甜葡萄酒，譬如說，法國的
Sauternes、阿爾薩斯或德國的 Pinot Gris、德國的甜
Riesling 都是很好的選擇。不過，西班牙的甜雪利酒
（Sweet Sherry）應是所有甜點（Desserts）中最佳選
擇。

澳洲 SCARPANTONI 家族是義大利人後裔，圖為酒
莊入口招牌。

第九節　結語

　　飲食文化是一個國家，或者是一個民族「興榮衰替」的最佳代言人。歐洲飲食文化的發展也有三百多年歷史，其間所經歷的曲折過程，可以用「興榮衰替」這四個字道出其間的原委。處在昇平時代裡，飲食文化的發展一定是正面的，因追求享受是人類的天性；反之，在一個只求溫飽餬口的社會裡，哪裡有時間去講究生活的品質和品味？研究歷史的人都知道，戰亂時代的歐洲，民不聊生，路有死殍，飲食文化也走入黑暗時代；當歐洲一片繁華興盛時，飲食文化也走在發展的前端。歐洲如此，世界其他地方亦然！

SCARPANTONI酒莊內的莊主園區，建築仍有南歐風味。

牛肉

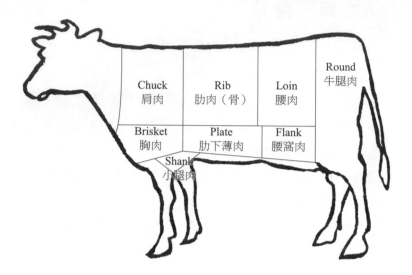

Chuck 肩肉　Rib 肋肉（骨）　Loin 腰肉　Round 牛腿肉

Brisket 胸肉　Plate 肋下薄肉　Flank 腰窩肉

Shank 小腿肉

豬肉

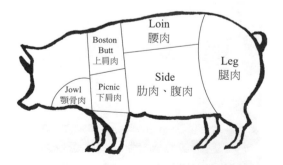

Boston Butt 上肩肉　Loin 腰肉　Leg 腿肉

Jowl 顎骨肉　Picnic 下肩肉　Side 肋肉、腹肉

羊肉

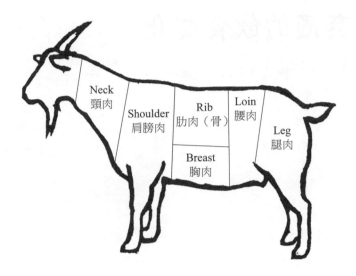

要了解肉的切割部位，不但可以幫助買到對位的肉類，而且還可以幫助你去如何烹調它。

第四章
英國的飲食文化

英國的威士忌酒和餐點及下午茶

　　英國人是一個最不懂得吃飯的民族，祖先薩克遜人（Saxon）和諾曼人（Norman）均屬蠻夷之邦，對吃自無考究，即使是宮廷盛宴，也是以燒烤野味為主。從563～1558這一千年時間，從吃的角度上來看，英國人算是一個次等民族。

　　造成英國人不研究吃的另外一個原因是城堡文化造成，因為城堡與城堡之間，往往都是敵國，城堡的封閉，也阻礙了吃的文化的發展。

　　1558年，英國首位女皇伊莉莎白一世（Elizebeth I）就位，1588年擊敗西班牙無敵艦隊，對英國而言，有兩重意義：國內徹底統一，城堡政治瓦解；對外而言，英國海上霸權建立。

　　英國海上霸權建立之後，對吃的文化產生兩個效應。外來的調味隨著殖民地擴張而呈多元化。英國青年

醉心霸權擴張，都投身海事服務（軍和商），國內人口也起了變化，婦女替代壯丁遺留下來的職務空缺。因為工作，自然沒有辦法專致於家務，於是，英國人的速食文化崛起，嚴格來講，英國人才是速食文化的老祖宗。英國人的速食以 Fish & Chips（炸魚塊或魚條配炸洋山芋）及 Meat Pies（肉派——有羊肉、牛肉、豬肉及內臟等）為主。

因為祖先留下來的傳統，英國人是一個喜歡吃羊肉（Mutton）的民族，從烤全羊到烤羊排整整經過了好幾百年的演化才算是一種文明的吃法。

到了維多利亞女皇時代（Queen Victoria1837～1901）大英帝國盛世如日中天，日不落國因而形成（The Empire on Which the Sun Never Sets）。而在吃的文化方面也有了改變：

殖民的移入（帝國臣民）讓英國人的胃口有了另一種新鮮感，換而言之，如印度菜、中國菜成為英國兩支非主流的異國食譜，時至今日，印度菜和中國菜在英國，特別是大城如倫敦、曼徹斯特、利物浦等非常流行。

PUB、BISTRO、INN 等小吃文化依然倡行，這和英國人從事海上活動有不可分關係，因為小兵到處為家，上旅館、小餐館和酒館都是他們常去之處，傳統也保留下來。吃早點（English Breakfast）和喝下午茶（Afternoon Tea）的習慣一代又一代傳下來，變成吃的

文化不可或缺的主要支流。不過，透過帝國勢力的擴張及其影響，時至今日，Afternoon Tea仍然在大英國協會員國中流行。而 English Breakfast 卻是早點的主流。

英國征服錫蘭（即今日之斯里蘭卡）最大收穫莫過於為英國人帶來喝茶的文化，英國人傳統喝茶是不放糖的。Twinings 的總裁 Sir Gordon 有一次到海外推廣，他在新加坡對一群自命會欣賞英國茶的人說：喝茶的最大罪惡就在加糖。

英國人不懂得吃，但卻為世界創造了一項偉大貢獻——威士忌酒。Whiskey 一字起源蘇格蘭高地的 Gaelil（蓋爾）語，它有生命之水的含義。這和法國人把白蘭地酒比喻「生命之水」（Eau de Vie）有異曲同工之妙。

第一節
英國人的喝茶文化

一、喝茶的演進

英國人也是一個喝茶的民族。但英國人喝茶文化的演進和東方的中國和日本有所不同。前者的演變是從體力的補充到國力的顯示。英國在還沒有發生工業革命之前，英國人喝茶可分兩個時段，早上十點左右，下午則是在三點左右，為甚麼選這兩個時段呢？因為務農的農民需要休息，補充體力；做工的勞動階級也是一樣。工業革命之後，英國的國力日趨強盛，新的中產階級興起，喝茶文化也就變成某一種程度的「自我炫躍」。中國人和日本人喝茶的文化和英國人不同，因為他們喝茶帶有一種清靜平淡的享受，其中還夾雜著某種反省過去和慎思前景的意味在內。

英國人喝茶的層次可分成三種：

第一，社會的菁英，不論是在工業革命前或後，他們永遠是社會中的頂尖分子，其所享受的社會資源，自又較其他族群來得容易和廣泛，於是，喝茶成為他們日常生活中不可或缺的一部分。他們在喝茶的時候，尤其是婦女們相聚，蜚短流長也就是談話主題。到了工業革

命之後，這群少數分子把喝茶文化引伸到某種程度的炫耀，到了維多利亞王朝時代，骨瓷（Bone China）特級品的茶具，紛紛在高級的 Tea Party 中出現。英國人的喝茶文化達到極致。

第二，工業革命之後，英國的社會起了重大的變化，中產階級興起，改變了英國人的生活習慣。其中最顯著的是，Tea Time 走進了辦公室，政府機關如此，私人企業大機構也不能例外。通常而言，Tea Time 的時間不能過長，大約是 15 分鐘到 30 分鐘之間，大的辦公大樓有 Tea Room，小型的辦公樓房，則是由服務人員按時推著有輪子的茶車（Tea Cart）到每層樓服務。Tea Time 的最大功能是「提神」，讓動腦筋的人有片刻休息。這類型的 Tea Time 有另外一個好處是，短暫片刻交換意見而解開了一時想不透的難題樞紐；沒有閒時觸及蜚短流長的話題。

第三，英國的勞工大眾需要 Tea Time，用腦的人需要腦筋有片刻休息；用體力的人也需要休息充電。勞工階層的 Tea Time 是沒有專用的地方喝茶的：有些是三五成群在工地裡蹲著喝自己準備的茶；有些是到廠房內站著或坐著，利用茶水恢復一下體力。

二、對海外殖民的影響

隨著工業革命，英國的國力日盛，當一個國家的實力擴張到某種程度的時候，特別是小國如英國、荷蘭甚至日本，它需要向外擴充以紓解國內的快速成長壓力。鍋爐的發明，讓英國的海軍如虎添翼，快速的鍋爐帆船不但掃平了困擾近百年的海盜，而且也向外宣示：海上王國時代的到臨。於是，英國的海外殖民地一個又一個的建立起來。英國的「喝茶文化」隨著帝國版圖的擴充而遠擴四海，時至今日，大英國協的會員國，雖然已獨立多年，但喝茶的習慣並沒有因為獨立而廢除，反而有「青出於藍而勝於藍」的氣勢。澳大利亞和紐西蘭人的喝茶享受就遠勝於今日的英國，即使在新加坡，某種程度上來講，也比英國好。

英國在征服的諸多海外殖民當中，如果要以對喝茶有最大貢獻的話，莫過於臣屬的錫蘭和印度。錫蘭茶也成為日後英國飲茶文化的主流。英國的東印度公司，向海外擴張的主要任務之一是，到海外尋找茶葉市場，把當地的茶葉運回英國，經過發酵焙製而成頂級的英國紅茶。東印度公司 1820 年在印度阿薩姆（Assam）發現遍地都是野茶（Wild Tea）。雖然印度種茶的歷史遠越過中國，但印度人對茶卻沒有興趣，也不知如何種。東印

度公司的人在 1841 年把生長在尼泊爾大吉嶺（Darjee-ling）的茶葉種移植到阿薩姆地區種植，約一個世紀之後，它卻變成英國人最愛喝的紅茶之一。大吉嶺紅茶之名也由是而來。印度是當今世界上茶葉產量最大的國家，但有一半以上的茶葉是出產在阿薩姆地區，就飲食文化而言，這應該是東印度公司對英國的最大貢獻。

三、茶食、茶皿的演進

英國人喝茶是不能「白喝」的，它總是要有一些吃的東西相佐。其中最普遍的莫過餅乾（Tea Biscuit）。講究的喝茶場合（Tea Party），它所供應的餅乾是多樣化的，它從蘇打餅乾到杏仁餅（Almond Cookie）；從夾心餅乾到鬆餅（Shortbread），而茶的種類也可以選擇。英國人除了 Morning Tea 和 Afternoon Tea 之外，還有一種 High Tea，時間是在下午五點開始。High Tea 的內容更為豐富，因為它還包括夾薄片熟肉或乳酪的小塊三明治（Finger Sandwich）。一些收入較豐而房屋寬敞的英國人，非常喜歡在家裡開 High Tea 派對。而且所印的請帖非常講究。High Tea 的時間通常是兩個小時，請帖上也會註明，它自然是不包括晚餐在內。

英國人喝茶的器皿非常講究，茶杯、茶盤、茶壺，都是高級骨瓷製品，在瓷器上的圖案，更是精彩絕倫，

不論是人物、花卉、昆蟲、鳥類等等，看起來栩栩如生，而茶匙和茶葉過濾器（網）（Tea Strainer）等也都是用上等白銀打造，為喝茶時加注氣氛。即使是茶罐（Tea Caddy）和茶具推車（Tea Cart）也講究非凡。

　　茶食和茶皿的演進，正好說明了一個社會是不斷在前步。當社會大眾大有餘裕而可以講求提高飲食水準時，隨之而來的附屬品也跟著提昇，茶食和茶皿如此，其他如住行也是一樣。

第二節
英國人給世人的貢獻——威士忌酒

　　蘇格蘭威士忌酒可分兩類：第一類是混雜威士忌酒（Blended Whisky）；第二類則是純麥威士忌酒（Single Malt Whisky）。前者早已風行世界，後者卻是上個世紀八〇年代才成為「時尚」的酒類飲料。

一、混雜威士忌酒

　　現在先談混雜威士忌酒。要知道，威士忌酒的歷史和白蘭地酒或葡萄酒不一樣，它是屬於「年輕一代的酒」。它是隨著大英帝國勢力的擴張而聞名於世。沒有大英帝國，也就沒有威士忌酒了！

　　在英國，威士忌酒為甚麼要冠以蘇格蘭（Scottish又稱Scotch）這個地理名詞呢？因為蘇格蘭威士忌酒發源在蘇格蘭高地，隨著蘇格蘭人被英國人征服，蘇格蘭威士忌酒也流傳到低地（Lowland），之後，酒商也像打仗一樣搶奪地盤，到了1925年，火併的最後結果只留下五大家族的威士忌酒，支配了整個世界的蘇格蘭威士忌酒市場。這五大家族分別是：

➤ 約翰・迪窩爾（John Dewar）以出品「白牌威士忌酒」（White Label）而有名。

➤ 約翰・華爾克（John Walker）以出品「紅牌」和「黑牌」而稱霸酒國，近年來推出「藍牌」和「金牌」，但聲勢遠較紅、黑牌爲弱。

➤ 詹姆斯・布肯南（James Buchanan）以出品「黑白威士忌酒」（Blank & White）而享有盛譽。

➤ 約翰・海格（John Haig）以盛產「海格・海格威士忌酒」（Haig & Haig）著稱。

➤ 麥基公司（Mackie & Co.）以產「白馬牌威士忌酒」（White Horse）而受到歡迎。

以上五大家族中，以約翰・海格資格最老。約在 1877 年，海格家族每年釀造出產的威士忌酒是 125 萬加侖。他不但是酒商代言人，他說話，往往比政府官員還有效。

迪窩爾家族的威士忌酒到了 1901 年的年產量突破百萬加侖大關。家族繼承人湯瑪斯・迪窩爾在 1919 年因出產威士忌酒有功，而獲冊封為男爵。

「紅、黑牌威士忌酒」在推出時，因廣告詞太長——「約翰・華爾克生於 1820 年，到現在還是很強壯的活著」——而不受重視。到了 1908 年，華爾克三世到美國推銷威士忌酒而結識了美國當代大漫畫家湯姆・布朗尼（Tom Browny），布朗尼覺得他的酒牌名字太長

而不易推廣，於是，為他畫了一張華爾克威士忌酒的招牌畫，並建議改名為「強尼・華爾克威士忌酒」（Johnny Walker Scotch Whisky）。華爾克三世欣然接受，回返英國之後立刻改名；於是，帶著禮帽穿著燕尾服，手拿細長手杖和面帶笑容的「強尼」，從此成為世界各國家喻戶曉的人物。

詹姆斯・布肯南不是靠賣酒而發跡的。他是一個專門養馬的牧場主人，而由家族所養的馬，都是獲得大賽冠軍的名駒。他的錢是從養馬事業上賺到的。布肯南也晉封為男爵。

威士忌五大家族中最後一位是詹姆斯・羅根・麥基（James Logan Mackie）。英國傳記文學作家布魯斯・洛克哈德（Bruce Lockhart）在一篇文章中形容麥基是一個「三分天才、三分自大狂和三分怪異的人」。

五大家族對威士忌酒的貢獻不可磨滅，他們對大英帝國的貢獻更功不可沒。從大英帝國政府給五大家族的重要人物封爵一事來看，就可獲得印證。

二、純麥威士忌酒

蘇格蘭的純麥威士忌酒到了上個世紀八○年代才開始步入世界威士忌酒的舞台。查其主要原因是，純麥威士忌酒的世界廣告市場不如混雜威士忌酒的廣告威力；

再者，純麥威士忌酒的釀酒廠的釀酒量，只專注於國內市場，沒有進軍世界的雄心；由於它的後勁很強，不受一般喝慣混雜威士忌的人喜愛，當然，價格也是另一重要考量。因此，在白蘭地和威士忌較勁的時代裡，純麥威士忌酒並沒有扮演鼎足而三的角色。因為混雜威士忌酒佔了蘇格蘭威士忌酒 95%銷售量。

純麥威士忌釀造三元素是：純淨之水，大麥芽以及酵母。老實講，這是極為簡單的配方，但是釀出來的酒為甚麼會引人入勝？其中最值得探討的是「水」。純麥威士忌所用的水，都是從蘇格蘭高原的花崗石澗流成的小溪而來，而蘇格蘭是英國的煤礦產區，它的水質多少會有些煤味，而在煮大麥時也是用煤，因此，先天上來講，純麥威士忌本身就帶有一些煤燻味，這是它的特色、也是不受人喜愛的主因。不過一般而言，只要慢慢的適應，一旦味口接受之後，它特有的優點如麥香味和淡淡的煤燻味（Peaty Taste），就變為好酒不可或缺的條件。

純麥威士忌還有另外一個特色，特別是從蘇格蘭高原區酒廠釀出來的威士忌酒，它本身還含有一種海水的鹹味，因為北方來的強勁海風帶有海水的鹽分，當海風吹過溪流時，它多多少少會留下一些「海水的原味」（The Taste of Ocean），於是，它也成為蘇格蘭純麥威士忌酒的自然商標。

喜歡喝純麥威士忌酒的人，不妨利用暑假的機會到

蘇格蘭高地旅遊，那裡不但風景優美，且有上百家的純麥威士忌酒廠，都是上百年的老字號，很多酒廠都掛有歡迎參觀的指示牌，酒廠有特別的公關人員為訪者介紹純麥威士忌酒廠的來龍去脈以及相關歷史，讓訪者對純麥威士忌酒有一個深入了解。

　　純麥威士忌酒也可以和葡萄酒一樣收藏，對初入門的人而言，以下的幾種純麥威士忌酒不妨做為收藏起步的參考：

純麥威士忌酒收藏入門款：

➤Bowmore，酒齡 17 年，產自蘇格蘭 Islay 區

➤Laphroiag，酒齡 10 年，Islay 產品

➤Highland Park，酒齡 12 年，產自 Orkney 區

➤Talisker，酒齡 10 年，產自 Skye 區

➤Glenkinchie，酒齡 10 年，產自 Lowlands 區

➤The Balvenie Double Wood，酒齡 12 年，產自 Spe-yside 區

➤Benriach，酒齡 10 年，產區同前

➤The Singleton Of Auchroisk，酒齡 10 年，產區同前

➤Edradour，酒齡 10 年，產自 The Southern Highlands

➤Glenmorange，酒齡 12 年，在雪利木桶中陳年，產自 The Highlands

　　蘇格蘭純麥威士忌和白蘭地一樣，一旦離開橡木桶裝瓶後，其本身的陳年作用即立時終止。不過，它和其他的烈酒一樣，其本身的色澤、酒香和原味，仍會保留在封瓶之內。一旦開瓶之後，它不需要馬上喝完，但瓶塞要塞得很緊，酒香可以持續保存，直到一瓶喝完為止。

　　蘇格蘭純麥威士忌和葡萄酒一樣，也是可以鑑別的，它的步驟如下：

鑑別英格蘭純麥威士忌的步驟：

第一步：把純麥威士忌酒倒在有腳的酒杯內，分量是酒杯的 1/3，然後用眼觀看酒的色澤。每一品牌的威士忌都會有不同色澤，從淡金色到褐色，顏色不同的主因是陳年酒桶的材料不同。

第二步：單手持酒杯腳，輕輕晃動酒杯，讓威士忌的香味散發出來。

第三步：用蓋子把酒杯蓋住，以保留酒香味。

第四步：打開蓋子，用鼻子嗅酒的香味。

第五步：品嚐威士忌酒，先把酒含在口內然後再慢慢嚥下去，越好的酒，餘味越香純（Finish）。

第六步：不妨加些蒸餾水，它和威士忌酒混合後會散發出讓試者意想不到的酒香。

　　喝蘇格蘭純麥威士忌酒的人和喝白蘭地酒的人（也可以說推銷商）都會說同樣的話：它會對健康有「幫助」。蘇格蘭名記者W.C.Fields曾經有這段報導：「我每天用威士忌酒漱口好幾次，已有好幾年沒有得感冒了！」

倫敦泰唔士河景色，背後雄偉建築即英國國會殿堂。

第三節
法國總統席哈克眼中的英國食物

　　從過去三百多年的歷史來看，英法兩國可以說是「世仇」，也可以說是「患難之交」。兩國不但在爭國際領導地位，連食物的優劣，也要比個高下。

　　遠者不談，2005 年 7 月 13 日，法國總統席哈克在一酒會場合上，當著俄羅斯總統普丁和德國總理施若德兩人面前取笑英國的食物難吃，英國沒有飲食文化。席哈克認為沒飲食文化的人，無法讓人信任。他當著普丁和施若德兩人的面說：「繼芬蘭之後，英國是食物最難吃的一個國家。」惹得俄德兩國領袖哈哈大笑。

　　普丁也利用機會「做球」給席哈克問他對漢堡的看法，席哈克爽快的答覆說：「跟英國食物相比，漢堡簡直有如山珍海味。」讓英國人跳腳的評論還不止於此；席哈克還當著普丁和施若德面形容「英國人對歐洲文化的唯一貢獻是傳染狂牛症。」

　　不過，令人更尷尬的是席哈克竟然回憶說，有一次「前北大西洋公約組織」秘書長羅伯森（英籍）要他品嚐蘇格蘭菜。結果，席哈克用法式幽默說他品嚐之後的感想是：「這就是我國跟北約之間的困難所在。」

　　三天之後，席哈克就會飛往蘇格蘭出席八大工業國

高峰會議，而英國女王伊莉莎白二世到時將會在開幕典
禮上以蘇格蘭美食款待各國貴賓。

有人認為，英、法兩國為了爭取主辦2012年奧運，
因而席哈克這番談話別有用意。但事後證明，席哈克這
番談話的確損人不利己，因為同年7月6號奧會在新加
坡宣佈，倫敦取得2012年的奧運申辦權。

白金漢宮前的天神雕塑

第四節
倫敦是一個吃的「帝國首都」（Capital of the Empire）嗎？

一、主流美食的復活

2005 年 7 月初，法國總統席哈克當著俄國總統普丁和德國總理施若德兩人面前，奚落英國的食物還比不上漢堡，其實，記者們忘記問席哈克總統有沒有親身在倫敦逛街？如果回答是有的話，席哈克總統也許不會口出狂言了。

根據《國際前鋒論壇報》（*International Herald Tribune*）美食記者小艾普爾（R.W. Apple Jr.）的觀察所得，倫敦可以說是一個世界級的時尚美食之都。在倫敦，人們不但可以發現頂級的法國、義大利、希臘、印度、中國和日本餐廳，其中最讓人吃驚的是，代表英國主流美食的餐廳，比比皆是。

甚麼是英國的主流美食呢？它可以分為以下幾類：

首先是肉類，在倫敦可以吃到純正美味的烤牛排、烤牛肉、薄片豬排、燜羊腿肉和沙朗牛排（Sirloin Steak）等。

其次是海鮮如烤杜佛比目魚（Dover Sole）、瓷鍋煮蝦、蒸鮮魚、烤愛爾蘭鮮蚵、鮮汁肉蟹、清蒸蘇格蘭大比目魚（Halibut）等。

再次是英國人特別喜愛的野味（Game），如松雞、釀松鼠腿、烤獵鳥肉（Grouse）等。

最後，英國的約克郡布丁（Yorkshire Pudding），也是飯後的好甜點。

二、速食——肉餡餅的新面貌

現在倫敦的肉餡餅（Meat Pie）也變成多元化了。以往只是用牛肉（下肉）和牛雜和洋芋做餡，吃的時候要用大量番茄醬去腥味。過去，肉餡餅是一般平民大眾的「主食」，也是運動場的食物，特別是去看足球比賽時，肉餡餅特別叫座。目前倫敦的肉餡餅已走入高級住宅區。

肉餡餅本身形象的改變，主要歸功於新一代的肉餡餅推廣人詹姆斯‧羅伯森（James Robertson）。他認為英國的肉餡餅已漸式微，已引不起社會大眾的胃口，因此，他在推廣的時候，用了三個英文字 Pure Individual Excellence 取其前一字的字母拼成 PIE，顧名思義，每一個肉餡餅都是優美的。以往，肉餡餅的形狀是圓形的，為了有別以往，改成方形。2005 年 2 月 24 日羅伯

森和他的公司正式推出新式肉餡餅，口號是要「再教育英人和外來觀光客，甚麼才是真正道地的肉餡餅」。第一個攤位是設在倫敦金融區，攤位也是用一間方形小房，名字取為「Pies at the Square Pie」，肉餡也跳出傳統的配料內容，不再以牛肉下肉為主，代之而起的是：蘆筍、雞雜、鹿肉和開心果（Pistachio）。肉餡餅的焙烤方式也有了改變，現在的外形是呈金黃色，外殼酥鬆，深具色香味的特色。有機會到倫敦的人不妨一試，看看它是不是可以打敗麥當勞漢堡和肯德基炸雞美式速食。

2004 年初，希臘皇后覺得希臘傳統菜餚已失傳統特色，會讓是年參加雅典奧運的觀光客大失所望且攸關國家體面，於是，她號召旅居海外的希臘名廚回歸以「為國爭光」。

英國已取得 2012 年的奧運主辦權，女皇伊莉莎白二世會不會號召英國名廚，洗刷法國總統席哈克對英國食物的羞辱，不妨拭目以待！

第五章
法國的飲食文化
美食、葡萄酒、白蘭地酒和香檳酒

第一節
法國人吃的演進和變遷

　　法國人和中國人一樣，都是喜愛吃的民族；其間所不同的是，法國的美食是由宮廷推動，而中國的美食則是「藏富於民」，由下而上。

　　「法國烹調」（La Cuisine Francaise）並非來自一朝一日。它的進化有好幾百年的歷史。遠在高盧族統治時代，法國和其他歐洲野蠻民族一樣，所謂的宮廷盛宴，是用一張巨大的桌面，把它堆滿了各式燒煮的肉類，如牛、鹿、野豬、熊、野禽類、兔、鵪雞、梭子魚（Pike Fish）等，盛宴都是以量取勝而非講究品質，烹

調技術就更不用談了。請宴的目的並非滿足客人的口感，而是把他們塞飽。

　　法國的史學家和研究美食的學者都一致同意，法國人正式講究煮（Cooking）起源於西元 1533 年。當時來自義大利的公主凱薩琳‧迪‧米迪西（Catherine de Medici）下嫁給法國未來的亨利二世國王。米迪西公主雖然只有十四歲，她對吃甚為執著，並對法國宮廷的「吃相」大起反感。況且以妙齡之年離家下嫁到法國，總有揮不去的鄉愁。於是，她告訴她從義大利帶來的手藝精湛廚師，改造法國宮廷的吃法和吃相，順便從吃的方面著手，以解去國之思。米迪西公主當時還做了一項對日後法國飲食文化影響深遠的決定，就是要廚師們訂下「食的準則」（The Code of Eating），除了上層社會要了解吃是一種藝術之外，也要傳至民間，讓老百姓們也要懂得「吃有吃相」的重要性。

　　從 1533 年往後算的一百多年間，法國的貴族和有錢的商人都紛紛交換吃的知識，彼此共同研議出一套「烹調守則」（Mattres de Cuisine）。其中還有一條附加規定，好的食譜不得藏私，一定要公諸同好。這套「烹調守則」的內容經常增刪修改，可以說是標準食譜的雛型。

　　根據法國歷史記載，西元 1671 年，當時康德王子的主廚維岱爾在安排法國的國宴時，因為沒有充分提供

國宴上的魚類餐款而受責，個性好強而剛烈的維岱爾憤而自殺。事後法國烹調界公認維岱爾是法國「第一位烹調烈士」（The First Cuisine Martyr）。

西元 1765 年，法國第一家餐館（Restaurant）問世。它把美食從府內推到府前，並和社會大眾見面。於是，餐館變成社交的正式公開場合，巴黎的餐館如雨後春筍般，紛紛出現。

西元 1789 年，法國大革命爆發，它對世界產生的影響自不在話下，甚至對法國的「飲食文化」也都產生了直接影響。「自由、平等、博愛」的口號，運用到「飲食文化」上，有其奧妙之處。自由引發了創意、平等開拓了視野、博愛啟發了眾樂。

在法國大革命期間，公卿和巨賈，不是被處死就是被流放，所有產業全部充公。於是，他們的廚師乘著紛亂的機會，帶著他們主子所研發的食譜逃到民間避難。隨後，廚師們想出了點子，用他們的烹調手藝加上私房食譜，廣設餐館以謀生。大革命期間，法國社會雖然動盪不安，不過，法國的「革命軍人」不但要吃，而且還要吃得好，美食文化也因而保留下來。到了 19 世紀，法蘭西的美食文化達到了高峰。

拿破崙時代的外長塔利蘭德（Talleyland）更把美食文化引進外交場合上，他常請各國駐法國大使參觀他的美食宮殿，並講解一些有關美食的簡單道理和趣聞，於是，它成為外交藝術的一環。塔利蘭德外長的首席掌廚

馬利・安東尼・卡拉米（Marie・Antonie・Careme）是一個天才。由於他受知於塔利蘭德外長，於是，他在預算無限制、用人無限制的兩大優勢下，把法國美食帶進高峰（Haute Cuisine）。為了講究，卡拉米發明了廚師們用的高頂白帽（The Toque）。從此，高頂白帽變成廚師們的標誌。

這裡所講的Haute Cuisine是指用各種不同的材料和精心的配置，把一道菜做成美味的口感和悅目的陳設（指刀功）。菜的內容不但要好，它的美感外觀同樣重要。隨著時尚潮流發展，法國菜成為歐洲的主流，且一直持續不斷。其中最值得探討的主因之一是，法國的廚藝界一直秉承著「創意為先」的宗旨，一路走來，始終如一。法國美食也因而贏得「超凡想像力的美妙烹調手藝」（Belle Epoque）的尊敬。

直到上個世紀的六〇年代，超營養的餐點，漸漸走出美食的舞台，因為人們開始注意到健康。超營養大餐只會給人們帶來健康的警號，如心臟病、糖尿病、高血壓、痛風等等，都是因為口福太好而得來。於是「新食譜」（Nouvelle Cuisine），也就是一般人常稱的「健康食譜」（Health Diet）由是而生。其中最值得注意的是，用創意取代傳統，譬如說，用食物本身的鮮度，取代加重的調味料。在「創意」的指引下，法國廚藝界也開始懂得清蒸，並很快取得其中要訣。譬如說，把牡蠣

（Oysters）放在大蒜葉上清蒸，中國人清蒸海鮮的方式，也摻雜在新一代的創意美食下。法國的新聞報業也開始有了食譜專欄。因為反正是重創意而輕傳統，寫食譜的人憑著超凡的想像力而創造出不少新食譜。而新一代的廚師，憑著他們的天分和創意力，啼聲初試不久，立刻廣受法國，甚至世界各國的廚藝界注意，最重要的是，立刻為他們帶來巨大的財富。

於是，在名和利的雙重誘因下，新一代的廚師，打著創意的名號，透過媒體的報導，為自己開創了一條「名利雙收」的大道。不過，物極必反，創意的另外一個解釋是，不負責任打造名堂，久而久之，在濫用創意的名號下，創意食譜也變成不負責任的食譜，到了上個世紀的七〇年代，創意食譜變成法國美食的噩夢。法國的廚藝界在不得已的情況下，又回到傳統的老路上。古老的鄉村吃法又重新受到食客們的垂愛。保守的廚藝派重新掌理法國美食主流。從七〇年代到上個世紀結束，法國的廚藝走著古老的道路。法國的美食不但受到國際性的挑戰，與其鄰近的兩國——義大利和西班牙——也超越了法國，而成為新的美食大國。即使法國銷路鼎盛的《費加洛報》，也不得不承認美食在法國已不是一件傲人的大事！

法國人最討厭的是速食（Fast Food），他們用「簡易食物」（Convenience Foods）來取代。不過，到了八〇年代，法國人的速食防線棄守。Les Fast Food 這三

個字在法國大城紛紛出現。「熱狗」（Les Hotdogs）和
漢堡（Les Hambergers）也成為流行語。不過，法國人
對吃有先天上的才藝，即使是「熱狗」和「漢堡」，經
過法國人的手藝做出來之後，都要比美、英、德各國美
味許多。再者，法國人即使吃「簡易餐」，也是用餐桌
酒（Table Wine）或礦泉水相佐，他們是絕對不喝可口
可樂的！

巴黎聖母教堂

第二節
喝葡萄酒的民族

對法國人而言，如果不懂得品嚐美食，根本沒有資格做法國人。法國人所指的美食（Good Food），其中還隱含有以美酒相佐之意。美食加美酒，締造了法蘭西飲食文化！

法國人是一個喝葡萄酒的民族。法國人常說：「喝葡萄酒的人是快樂的人；喝啤酒的人是臃腫不堪而又缺乏才智的人；喝烈酒（白蘭地除外）的人，是瘋狂而又粗暴的人。」法國人從小就開始喝葡萄酒，並懂得喝酒的禮儀。時至今日，奧林匹克運動會的選手村，只有法國選手村的運動員准許喝來自本國的葡萄酒。法國人從小就和葡萄酒結緣，她不但是一個懂得欣賞葡萄酒的民族，同時也是一個樂天派的民族！

法國人如此好酒，自有其歷史淵源：

首先，它是天主教會的關係。法國天主教會都擁有自己的葡萄園，因為神父在做彌撒的時候，他要用葡萄酒來代替聖血。法國大革命後，天主教會的產業被充公，葡萄園讓出來分給法國葡萄農耕種，釀酒不再是天主教會的專利。它對日後改良葡萄品種和改進葡萄酒品質，起了革命性的變化！

其次，法國人喝葡萄酒要比喝水來得多，是其來有自的。根據來自民間的傳奇說法是，法國的水在古時候是不清潔的，水裡常有蝌蚪，喝進肚裡之後，蝌蚪變成青蛙，人在死亡前會發出讓人不寒而慄的青蛙叫聲。後來法國人用酒消毒。有人說，法國人的鼻音過重和此有關。法國人對這些民間傳說當然否認。不過，法國人不喝自來水而喝礦泉水，卻是事實。

葡萄酒和天主教會的關係密不可分，
"天主教神父在倒酒" 是 15 世紀法國的名畫。

第三節
葡萄酒在法國

　　當法國的革命政府把天主教會的葡萄園分給葡萄農民耕種之後，問題也隨之出現。品管沒有了，葡萄酒的品質自然良莠不齊；大型釀酒廠常用併吞的方式，收購小型葡萄園以擴張市場範圍，群雄爭奪葡萄酒市場利潤的局勢因而形成，惡性競爭而導致品質下降是自然的定律，法國葡萄酒的水準，也就江河日下。

　　西元 1855 年，當時法國統治者拿破崙三世為了要提昇法國紅酒的水準，特別頒布詔書，要全國葡萄莊園莊主及釀酒園主一體遵行。拿破崙三世並非甚麼英明君主，但他對提昇法國紅酒的水平，卻值得大書特書。套用一句孔老夫子的古語：「微拿破崙三世，吾輩皆飲劣酒矣！」

　　1855 年以前，法國諸酒堡的堡主，有若諸侯割地稱雄！堡主皆有「捨我其誰」的大志，久而久之，因為沒有法律的規範，堡主自訂遊戲規則，劣酒充斥市場，有些酒甚至到了難以下嚥的地步。拿破崙三世也是喜愛葡萄酒的「明君」，為了要各酒堡在釀酒時有規可循，於是，他在 1855 年 4 月 5 日親自下詔書給當時法國的「酒商經紀人聯盟」，要他們在期限之內選出真正能代表法

國的名酒，以先後秩序排列讓他過目。一國之君不務正業而去論酒，大概只有拿破崙三世了。

　　「酒商經紀人聯盟」因為有尚方寶劍在手，立即召集了當時五十八個有水準的葡萄園主來巴黎會商。園主們在「聖旨」傳召下，只好來巴黎開會。經過討論之後，終於用無記名方式票選出了五大名葡萄園和它們釀出來的名酒。拿破崙三世過目之後，御筆一揮，五大名酒因而誕生，也促成日後蜚聲世界的「一八五五年俱樂部」（Club 1855）。由於這五大名葡萄酒園，都是公布在波都酒區（Bordeaux Wine District）內，日後好酒之人也為波都酒區冠以「酒中之王」的綽號。

波都區五大名酒分別是：

Lafite · Rothchild

Margaux

Latour

Haut · Brion

Mouton · Rothchild

畫家筆下的波都區名酒，酒中之后

五大名葡萄園是：

Pauillac

Margaux

Pessac · Leognan

St · Julien

Haut · Medoc

法國酒區

諾曼地區 ○(C)

香檳區

阿爾薩斯區

巴黎 ○
巴黎─里昂

鲁瓦河區

布根地區

○(D)

美食大道

里昂 ○

龍河流域區

(A) ○

波都區

普羅旺斯區

(B) ○

Languedoc-
Roussillon 區

馬賽 ○

(A) 干邑白蘭地酒區
(B) 阿瑪尼克白蘭地酒區
(C) 蘋果白蘭地酒區
(D) 馬爾白蘭地酒區

　　在法國，除了波都酒區外，魯瓦河谷和龍河河谷也釀出非凡的紅、白葡萄酒。

魯瓦河谷（*The Loire Valley*）

　　法國的魯瓦河流經五大葡萄產區，從西部出口的南太斯一直延伸到東部內陸的桑樹爾（Sancerre，發音Son-Sehr），每一個產區的酒都有它自己不同的風格，而且和其他法國名酒相比，不遑多讓。

　　魯瓦河是法國最長的河。從東部發源，貫穿法國中部，然後由大西洋出口。所經從西到東的五大葡萄酒區分別是：南太斯（Nantes）、昂茱（Anjou）、蘇摩爾（Saumur）、杜蘭（Touraine）以及桑樹爾。

　　南太斯酒區以產慕斯卡岱白酒（Muscadet，發音Moos-Kah-Day）而有名。這種白酒是法國白酒類中出口最多的一類，酒的顏色清澈如水，非常的澀（Bone Dry），最大特色是可以貯存。譬如說，一瓶1990年份的慕斯卡岱白酒，可以留到五年以後再喝，貯藏期間，可以讓它本身的葡萄及所留下來的粗糙澀味自然消失。一瓶當年出產的慕斯卡岱白酒的味道和存放五年以上相比，差異很大，後者味道香醇可口。

　　昂茱酒區以產舒南布朗葡萄而有名，它也是法國最有名的甜酒產區。它的酒和甜點相配，可以說是極品中的極品。在昂茱酒區內有一個名叫薩文伊爾小郡（Savennieres，發音 Sa-Ven-Yehir）。它出產昂貴而又量少的舒南白葡萄酒，酒的顏色有如礦泉水般清澈，酒屬極澀級（Bone Dry），對喜歡不帶甜味白酒的人來說，是絕對的上品。

龍河河谷（*The Rhone Valley*）

法國的龍河葡萄酒有兩個特性：

葡萄農採擷葡萄的時候，絕對是用手而不是用機械，因此，它保持一定的水準，在釀酒時不會有好、壞葡萄混雜在一起的毛病。

其次是，龍河流域的葡萄酒完全是「土生土長」的龍河葡萄。龍河流域的葡萄園主們都有過接枝生長的經驗，以期能培育出更好的品種，但成效不彰，最後還是決定沿用傳統方式種出來的葡萄釀酒，不講究時下流行的「科技栽培」。龍河葡萄酒因有了本身特性，才能和布根地酒及波都酒形成鼎足而三之勢。

龍河流域出產三種名酒，首先介紹龍河紅酒。它的特性是，生長在向陽的山坡地葡萄所釀出來的酒，本身散發出一種草莓香味，而且含單寧酸成分不高，葡萄發酵期不需太長，這類紅酒特別是在法國里昂城一帶十分流行。酒客們稱之為「咖啡屋紅酒」（Vins De Cafe）。這類酒不宜久存，封瓶上市一年即可飲用。因而也稱之為「龍河新酒」。

第二類龍河紅酒的發酵期較長，味道濃烈，散發出

一種撲鼻香味，與紅肉相匹最適宜。這類酒存上兩、三年之後再喝，才可以真正享受到它本身香醇特色。

　　第三類龍河紅酒可以存上五年才喝。由於土質和氣候使然，它的特質是要到陳上五年之後才散發出來。

　　龍河白酒也可以說是法國白葡萄酒類中一時之選。酒的顏色呈草綠帶黃色，芬芳可口，特別是在喝新酒的時候，它的特色完全從酒杯中表露出來。

　　龍河的玫瑰露（ROSÉ）值得一提。它釀於龍河流域南部酒廠，雖然出產量不多，但聲名遠播。只要是一提到法國玫瑰露，一定是指龍河玫瑰露。

「酒中之后」和「酒中之王」

　　在紅葡萄酒領域中，法國釀造的波都酒和布根地酒，分別贏得「酒中之后」和「酒中之王」的榮銜。

　　波都酒的酒瓶細長，就好像是一個身段高雅的貴婦。它的味道並不濃烈，但有一種「餘香永存」的優點。布根地的酒瓶圓狀寬闊，有點像雄偉奇男子的身材。它的味道濃烈，而且非常霸道，永遠要和味道重的主菜相匹，才能顯出它的特質。

　　波都酒和布根地酒之所以能引人入勝，應歸功於下列三個要素：

1. 葡萄品種、土壤和氣候三者的混合體是其中第一個因素，而其中又要以氣候為主要因素之一。波都葡萄在成長或收成期，如果碰到「女王發脾

氣」的天氣，那麼這一年的葡萄是歉收期，無好
酒可喝。波都酒被譽為「酒中之后」，也和氣候
相關連。種葡萄的人都希望年年風調雨順，年年
有好的「酒中之后」可喝。

2. 釀酒商們的傳統優良技巧再配合新科技。

3. 法國政府有良好法律制度保護好酒，讓好品質的
酒永續。法律，杜絕了假酒和劣酒。

　　布根地酒能成為「酒中之王」，除了具有特殊條件
之外，還有歷史上的意義。大約在十六世紀的時候，西
班牙王查理五世和神聖羅馬帝國國王一同把「布根地大
公國」奉獻給法國。從此以後，「布根地大公國」成為
法國領土的一部分。而「酒中之王」的綽號也由此而
來。

　　已故品酒家卡米爾・羅迪亞對「酒中之后」和「酒
中之王」有一段評語：「波都酒和布根地酒在沒有陳年
之前，是那麼難以入口。可是，經過陳年之後，時間把
它們的粗烈味道去光了。當它們成熟的時候，是那麼的
光澤、醇醪、芳香和美味。尊奉為『酒中之后』和『酒
中之王』，一點都不為過。」

第四節
法國的貴族烈酒：干邑白蘭地

　　法國人稱干邑白蘭地（Cognac Brandy）是法國的貴族烈酒（The Aristocrat of French Spirits is Cognac），由此可見它的身價是多麼的高貴。干邑白蘭地酒區在波都酒區以北。按照法國酒法規定，只有「干邑」這個地方出產的白蘭地酒，才能冠以「干邑」這個代表「貴族」好酒的專有名詞。

　　說到「干邑」這個地方，不要以為它是山明水秀的城鎮，其實「干邑」是一個充滿灰色建築物的寂寞小城。除了陽光吸引人之外，只有黃沙。可是，太陽和黃沙，卻成為出產釀造「干邑白蘭地」葡萄酒不可缺少的兩大因素。

　　「干邑白蘭地」為甚麼會這樣有名呢？除了本身優秀條件之外，傳奇的故事，也為「干邑白蘭地」加了不少神奇的分數。舉例而言：相傳在十九世紀初的時候，有一次天主教教宗在羅馬教廷召開主教會議，來自世界各地的主教都齊聚一堂。午餐時，教廷國務卿建議主教一一自我介紹，好讓大家留下印象。

　　一名法國主教在自我介紹的時候說：「我是安葛羅米地區的主教！」他介紹之後，所有的主教都面面相

視。從他們疑惑的眼神中就可以了解他們不知道「安葛羅米」在哪裡。隨後,法國主教補充說:「我同時也是『干邑』區的主教!」此語一出,所有的主教都自動站起來鼓掌。並異口同聲說:「呀!他就是偉大的『干邑』教宗!」

這個小趣聞,正好說明「干邑」白蘭地神奇吸引人之處!同樣的,有關「干邑白蘭地」的陳年年份要多久才好,也有一段傳奇故事。

相傳在十五世紀的時候,法國有一個冶金術士,他把釀好的烈酒貯在地窖的木桶裡,準備日後再喝。不過,有一次打敗的散兵攻擊他的村莊搶糧,冶金術士為了要保留釀好的酒,在匆忙間把一桶白蘭地酒埋在地下,不讓散兵搶去。可是,他最後因逃不過兵劫而被打死。十幾年之後,有人在挖地重建時,無意間發現這桶陳年老酒,建築工人把酒桶打開一看,裡面一半的酒已經蒸發掉,剩下來的一半卻是金黃色的,發出一種意想不到的芳香。這則白蘭地的傳奇故事,也為日後釀酒的人提供了一條白蘭地陳年的科學依據。

講到白蘭地陳年,法國的酒商流行一種說法。他們用女人的年齡來比喻白蘭地陳年的時限。法國酒商說:「女人一生花樣年華時期是從二十五歲到四十歲之間,白蘭地也是一樣!」

「拿破崙白蘭地酒」也是一種傳奇的推銷術。

當拿破崙的勢力還沒有橫掃歐洲之前,白蘭地酒在

歐洲飲酒的世界裡，還沒有達到「唯我獨尊」的地步。
隨著拿破崙勢力擴張，白蘭地酒也流行起來。主要原因
是，拿破崙喜歡喝白蘭地酒，趨炎附勢之徒，也跟著
喝，喝白蘭地酒在拿破崙時代，蔚然成風！

拿破崙簽名的白蘭地酒和拿破崙又有甚麼關係呢？
據說，十九世紀末，歐洲人在喝酒的時候流傳一個故
事：拿破崙軍隊在出征俄國的時候，每一名士兵都帶好
幾瓶白蘭地酒隨行，主要目的是禦寒。征俄之初，拿破
崙大軍節節勝利，有些士兵看到主帥高興時，順便拿起
酒瓶請他簽名，拿破崙也從來不拒絕。隨著拿破崙大軍
潰敗，逃生回法國的人，突發奇想，把拿破崙簽過名的
酒瓶高價賣給酒商。腦筋動得快的酒商立即把簽名字體
印在酒的標籤上，並說是拿破崙最喜歡喝的白蘭地酒。
於是，拿破崙白蘭地酒也就變成名貴好酒的「正字標
誌」。拿破崙和白蘭地酒的關係由是而來。

值得一提的是，這個簽名為「拿破崙白蘭地酒」開
了一條賺錢的「康莊大道」，不過，不是所有簽名的
「拿破崙白蘭地酒」都是名牌好酒。

第五節
干邑白蘭地以外的白蘭地酒

　　在法國，除了「干邑白蘭地」以外，還有不少有名的白蘭地酒，只不過是，依照法國政府規定，除了「干邑」地區出產的葡萄所釀成的酒，可以稱之為「干邑白蘭地」之外，用其他地方葡萄釀成的白蘭地酒，不能冠以「干邑」這個特別名詞！

　　在波都酒區以南兩百公里處，也有一個名叫阿瑪尼克酒區（Armagnac），它釀造出來的白蘭地酒的品質，有時不會比「干邑白蘭地」差。

　　除了「阿瑪尼克白蘭地酒」之外，還有一種馬爾白蘭地酒（Marc Brandy, C不發音）這種酒是用葡萄肉和皮釀成的。在釀造之初，先把葡萄汁壓出來，倒掉，然後再用葡萄渣滓釀酒。由於它沒有原葡萄汁，因此比較烈。法國和義大利都有這種白蘭地酒出售，其中以布根地區出的「馬爾白蘭地酒」最為有名。

　　在法國諾曼地區出產的「蘋果白蘭地酒」——卡爾瓦都（Calvados）是世界上最有名的「蘋果白蘭地酒」。除此之外，法國阿爾薩斯酒區也釀造出一種「李子白蘭地酒」（Plum Brandy），也吸引不少喝非「干邑」白蘭地酒的人的注意！

　　水果白蘭地酒比較甜，它是淑女們的酒，而不是紳士們的酒。

布根地名紅酒 GEVREY-CHAMBERTIN 酒莊

第六節
法國飲食文化的另一顆明珠：香檳酒

　　香檳酒（Champagne）是世界上最受歡迎的酒。它不但是法國飲食文化界上的一顆明珠，也是法國人送給世人最好的一件禮物。

　　香檳酒的用途很多。新船下水、藝人慶功都開香檳助興和慶祝。有些人在飯前、飯後，甚至吃飯時，用它來當「開胃酒」。情侶喜歡在花前月下品嚐香檳，有人甚至在早上喝香檳「提神」。喝香檳最愉快的時刻，莫過於各種體育比賽獲勝之後，而「香檳沐浴」也是以此刻最為忘情。法國人最能體會香檳的諸多好處。

　　按照法國政府規定，只有用法國香檳區出產葡萄所釀造的香檳酒，才能稱之為香檳酒。目前世界上釀造香檳酒的國家越來越多，但法國政府曾向海牙國際法庭註冊香檳酒名字的專利。其他國家釀造的香檳酒不能稱之為香檳酒，只能稱之為「汽泡酒」（Sparkling Wine）。

　　香檳區在法國北部，巴黎之東，香檳酒區以瑞姆斯城（Reims）最有名。因為很多香檳酒廠的展覽館都設在瑞姆斯城，只要到了該城，就可以見識到各種不同類別的香檳酒。要了解香檳酒之前，有幾個特別詞彙必須熟記：

香檳酒相關詞

➤ Blanc de Blancs：白葡萄釀出來的白酒，是指夏多利白葡萄

➤ Blanc de Noirs：黑葡萄釀出來的白酒，是指皮諾‧奴娃黑葡萄

➤ Brut Sauvage/Zero：極澀級（Bone Dry），糖分零度

➤ Extra-Dry：較極澀級稍甜

➤ Grand Cru：葡萄來自極品葡萄園區

➤ Non-Vintage：用非葡萄年份的葡萄釀造成的香檳酒

➤ Negocian-Manipulant（Nm）：買方和酒商身分混合

➤ Recoltant Manipulant（Rm）：獨立酒莊

➤ Vintage Champagne：好的葡萄年份香檳，用一種葡萄釀造

　　香檳酒有兩個重要的發明人：皮利龍修士（Brother Dom Perignon）和法來利‧尚修士（Brother Ferali Jean），他們都屬天主教會修士。皮利龍在無意間發現了有汽泡的酒；法來利‧尚卻發明用西班牙櫟樹木做的香檳木塞。由於他們都是「出家人」，因此，他們的專利並沒有為後世子孫帶來巨大財富。

　　有人以為開香檳酒的時候，要讓塞子一下子衝出來，發出一聲巨響，表示派頭。這種開瓶方式是不對的。因為一來打擾別人，二來酒會噴出來，平白浪費。

開香檳酒的最正確方式是慢慢的把木塞拉出來。

　喝香檳酒的酒杯也是很考究的。一般人誤以為闊口酒杯是香檳酒杯，其實，這是老款杯子。新款的香檳酒杯是鬱金香型酒杯。口窄的酒杯可以保留香檳酒的汽泡和香味，不讓它散發得太快。

　香檳酒應該冰凍之後再喝。喝香檳酒時千萬不能加冰塊，冰塊加速汽泡消失和香味沖淡。沒有汽泡和香味的酒，也就不叫做香檳酒了！

　香檳酒從十七世紀發明以來，它的需求隨著經濟繁榮而增加。就以廿世紀而論，約在 1910 年，法國出口的香檳是四十萬瓶；到了七〇年代，增加到一億八千萬瓶；人類在迎接千禧年降臨時，就消耗掉三億瓶法國香檳酒（不包括其他地方的汽泡酒）。這可以說是法國飲食文化提供給世人慶祝世紀轉接最豪華的禮物了！

典雅的香檳酒是送禮的寵物

第七節
美食之都：里昂城和酒莊飲食文化

　　巴黎並不是法國飲食文化的重鎮，里昂城（Lyons）才是法國的飲食之都，也是老饕之都。為甚麼？因為里昂人有過日子的哲學。里昂人以傲人的口吻說：「Savoir Vire」，其意是說，要懂得好好過日子！要好好過日子，當然和美食、美酒脫離不了關係！

　　在里昂城魯·穆西爾區（Rue Mercier）大小餐館林立，最難得的是，在這座名城裡，住了好幾千名美食品味專家和烹調手藝一流的名廚。由於人才輩出，里昂城的餐飲業，也執法國的牛耳。里昂的廚藝大師們常說，從飲食文化而言，里昂不是「第二提琴手」（Play Second Fiddle），弦外之音，是指巴黎而言。

　　在里昂可以吃到入口即化的牛排、香味撲鼻的橘子燜鴨、紅燴兔肉、清蒸鮭魚和蚵仔，其中最讓人回味的莫過於各式煮法的鵝肝醬和田螺，經過特殊手法的料理，其味無窮。里昂能成為世界美食之都，絕非浪得虛名。

> 目前法國鵝肝供不應求，法國從匈牙利進口鴨肝應付需求；再者，法國國會通過「人道法案」，從2006年4月1日起，不許用人為加速方式填餵鵝，往後法國的鵝肝會越來越少。

　　法國的酒莊飲食文化可以說是法蘭西的另一絕。法國的酒莊林立，知名的酒莊都設有餐館，讓遊客和酒客來到酒莊之後，品嚐美酒、美食，才會有不虛此行之感。

　　法國酒莊飲食文化要以布根地酒區發展得最好，也最具規模。在眾多名酒莊中，有一個名叫吉利堡酒莊（Chateau de Gilly），它是一個令人流連忘返的好地方。吉利堡原先屬於班尼狄田修會所有，後來幾經轉手到了 Traversac 家族之後，就好像是一顆蒙塵已久的明珠，經過細心洗滌，再度閃爍發出昔日光芒。

　　法國的酒莊和觀光發生緊密不可分的關係。酒莊海外推廣，無疑是給法國飲食文化帶來另一波的高潮。透過緊密的酒莊分布，如果把各點連接起來，就成為一幅莊觀的觀光推廣圖。吉利堡酒莊只不過是成千酒莊的其中一例，和它相似酒莊都在動腦筋，譬如說，大多數酒莊都有專屬名廚，每晚坐在燭光餐桌前細細品嚐酒莊的自釀美酒，可以真正領略到法國「飲食文化」精髓所在！

阿爾薩斯葡萄園
區內古堡之一

第八節
廿一世紀法國飲食新趨勢

本文前章曾提及，法國鄰居義大利和西班牙在飲食方面都有凌駕法國之上的趨勢。法國《費加洛報》曾在飲食專欄中提及，法國飲食界如果依然不動如山，沉醉在歷史的光榮裡，一旦覺醒，為時已晚。這是上個世紀末《費加洛報》對法國飲食界所提出的忠言。幸好，法國飲食界並沒有視之為「逆耳之言」！

上個世紀七〇年代，因為法國新一代廚師太過講求創意，誇張的結果，給法國飲食界帶來一場噩夢，於是，保守派的廚藝大師又走到前端，保守的另外一個解釋，自然是不思進取。

可是，到了廿一世紀，鄰國和國際上的壓力紛至沓來，法國的廚藝界的大師們終於驚醒，不能夠老被舊框架框緊，一定要跳出框架，才能夠重振聲譽。好在法國廚藝界有深厚的底子，不難再出發。

廿一世紀法國飲食文化新趨勢是甚麼呢？

第一：先飽眼福，再飽口福！

(The Pleasure to the Eye Precedes the Pleasure on the Palate)

這也就是中國人所說的色、香、味俱全的總體表現。廚師更著重刀工，更著重擺設，菜與菜或菜與肉或與魚的搭配，更要調合。譬如說，一塊細火烤的比目魚，用文火煎的朝鮮薊墊底，四周圍繞著切好去皮的檸檬肉，每塊檸檬肉之間，放一粒續隨子（Caper）點綴，然後放在骨瓷餐盤端出讓客人享用。完全達到視與味俱全的效果！

第二：食物本身就是時尚！ (Food as Fashion)

法國是一個講究時尚的國家，食物也不例外。食物時尚不僅講究烹調技術，同時更重要的是服務。沒有好的服務，再好的菜餚佳釀，根本引不起食慾。服務範圍很廣，從端菜到上酒，從收盤到換杯，每一程序都是服務品質的考驗。當然，餐廳布置高雅與否，也是飲食時尚的評價。

目前，法國飲食又走出一條新路，新鮮加簡易（Fresh Plus Simple）。前者是著重健康飲食；後者是由繁入易，更注重品質而不注重量的多寡。當代法國明星級的廚藝高手，都了解節制的重要性。

第三：全心投入創作和革新的範疇

（To Devote More on the Field of Creative and Innovation）

　　廿一世紀的廚藝和革新與上個世紀七〇年代創意相比，有若雲泥之別。前者加了對消費者的責任感，後者只是一種急功好利的隨意創作。自地球村形成後，法國的廚藝除了創作和革新外，也走到「融合時代」（The Age of Fusion）。

　　看看法國廚藝的創作：

紅葡萄酒

a. 橘子燴鴨（Duck à L'orange）配皮諾‧奴娃布根地酒

b. 馬賽海鮮總匯濃湯（Bouillabaisse Marseillaise）佐西班牙牛血紅酒，用 Tempranillo 葡萄釀造

c. 蒜、醋滷牛排（腰窩肉）（Garlic Vinegar Marinated Flank Steak），佐以加州卡伯尼特葡萄紅酒

白葡萄酒

a. 清蒸淡菜配以大蒜白酒作料（Steamed/Garlic White Sauce），佐紐西蘭蘇維翁‧布朗克白酒

b. 尼可娃沙拉（Salade Nicoise），佐以夏多利白酒或溥儀‧符威西白酒（Pouilly Fuisse，發音 Poo-Yee Fwee-Say）

c. 鮮魚慕斯配龍蝦汁（Fish Mousse W/Crayfish

Sauce），佐以美國華盛頓州皮諾‧格瑞甜白酒
（Pinot Gris）

　　從上面的例子來看，廿一世紀的法國廚藝高手走出
了「國界」，而真正進入跨國的融合時代了！

法國龍河名酒 COTE-ROTIE 酒莊以在山之陽而得名

第六章

異軍突起的義大利美食和美酒

　　義大利人和中國人在吃的方面有不少相同之處。其中最值得一提的是，義大利人也喜歡吃鴿子。凡是對野禽（Game Birds）情有獨鍾的民族，對吃都有一種熱愛，因為有了熱愛，才會去做研究發展的工作。義大利的佳餚也是在熱愛的驅使下，而迭有佳作，且有趕上法國的氣勢。西元 2003 年，在一次非正式會議裡，國際知名老饕公推義大利菜首屈一指，由此可見一斑。

　　義大利的吃和義大利的酒一樣，都是以區域名菜為地標。義大利雖然在西元1854 年獨立，但是從飲食的角度來看，義大利的菜和葡萄酒仍和獨立以前一樣，各有各的地方色彩，而且非常濃厚。義大利沒

> 野禽是指鴿子 Pigeon、帝雉 Pheasant、松雞 Partridge、幾內亞珠雞 Guinea Fowl、幾內亞雌珠雞 Guinea Hen。

有國家級的代表菜餚，不過，義大利的地方菜餚卻是一等一的。海外所吃到的義大利菜，絕對不是道地的義大利菜。

到義大利品嚐美食，一定要記住一句話：「跟著當地人去上他們常上的館子，絕對沒錯（The best way to eat well is to go where the locals go）。」在義大利大城，如羅馬、佛羅倫斯或威尼斯，那裡有的是帝國留下來的雄偉建築和古蹟，但卻沒有三星級的餐館；在小城，雖然沒有雄偉建築，但到處都是美食之村。

點菜在義大利是一門很大的學問，譬如說，到了拿波里斯城（Naples）的餐館，絕對不能點牛排，因為拿波里斯是一個海岸之城，以新鮮水產而有名；如果到了佛羅倫斯吃飯點魚就變得「洋盤」了，因為佛羅倫斯是一個內陸之城，以牛排而有名。義大利有一句名諺：「到了羅馬，去做羅馬人所做的事。」換言之，入境隨俗才是上策。

第一節
食用香料在義大利菜餚中所扮演的重要角色

　　義大利人在烹調的時候，用了非常多的植物香料（Herbs），如果沒有植物香料相佐，義大利的美食就不成為美食了。因此，要了解義大利的烹調技術，一定要從植物香料方面著手。

義大利人常用的香料：

Basil　羅勒，俗稱九層塔，屬香味料，是義大利菜的主要材料（Main Ingredient）

Marjoram Oregano　是一種香料植物，專門用來烤魚或紅燒肉時的作料

Mint　薄荷，調味用

Rosemary　迷迭香，用來烤肉（羊肉、雞肉或牛肉）

Fennel Seeds　茴香籽，用於製作帶點辣的香腸（Salami）或其他種類香腸（Sausage）

Parsley　荷蘭芹，用於湯及紅燒肉（Stew）

Garlic　蒜，義大利人是一個最懂得用蒜的民族

Pepper　胡椒，調味用主要材料之一
Nutmeg　荳蔻，飲料用
Saffron　紅番花，作料用
Clove　　丁香，作料用

　　義大利人和中國人都是喜歡用作料的民族，所不同
的是，前者範圍更廣，且很多植物香料都是新鮮的，而
後者則著重幾樣，且是經過再製而成，效果相比，前者
較優。

　　2003 年國際名老饕推崇義大利菜第一，主要原因也
是作料用法優於法國人。和義大利人同樣喜歡用作料的
西班牙人，他們的菜，也有超越法國的趨勢。用料，在
西方烹調藝術上，有若藝術家筆下的顏色，濃淡適宜，
就能超凡入聖。

第二節
常見的義大利菜餚名稱

到義大利吃美食，最重要的一項是要懂得如何看菜單點菜。義大利不少餐館，特別是地方性小館，幾乎是沒有菜單可言。很多餐館是把當天的菜餚用粉筆寫在黑板上，有些黑板是掛在牆，有些黑板是端在服務人員的手上，拿到客人的面前解說，然後再點自己喜歡吃的。不過，服務人員多不懂英文，菜單也是用義大利文寫，若是不懂看、不懂聽，那簡直沒有辦法吃一頓稱心如意的道地好菜。現在將一些重要詞彙（Key Words）列出來，提供參考之用。

Antipasti 飯前開胃菜

在義大利，特別是區域地方性小館，可口美味的飯前開胃菜有以下幾種：

a. Carne Cruda，意指生切下來的嫩小牛肉（Veal），拌以大量的橄欖油及檸檬汁，如果碰到白松露季節（Tar-tufi 即英文 Truf-fles），加上幾片薄薄的松露，更顯得菜餚名貴。白松露

> 白松露非常名貴，價錢屬高檔次，通常是以薄片稱重量計算。

是義大利皮德蒙特區菜餚上的明星，皮德蒙特是世界出產白松露最好的地方，產期是每年九月到十二月。

b. Bagna Cauda，意指「熱水浴」（Hot Bath）之意，主要原因是用大量的大蒜、油和鯷魚（Anchovies）做醬，用來給蛋、蔬菜如西洋芹和紅蘿蔔等沾醬用，也可以用來作為烤大辣椒的夾心用。因為有大量的大蒜，吃了會週身發熱，有如洗「熱水浴」。

Primi 頭盤菜

a. Tajarin：一種美味可口的通心粉，做法是用通心粉和蛋混合細肉或磨菇醬一起烤，然後切成塊狀端出來享客。

b. Agnolotti Del Plin：義大利餃子。餡有三種，通常是豬肉、小牛肉或火雞肉，煮熟之後拌上鼠尾草植物香料（Sage）、牛油及乳酪（Parmigiano）來做為調味料。（註：中國人吃餃子是沾醬油、醋和薑絲，吃法和義大利完全不一樣。）

c. Risotto：用米、蔥、雞肉和野菇為料的燉菜，通常再加紅酒，味道更香。

其他的主菜名稱：

a. Coniglio：烤或燉兔肉。

b. Anatra：燉鴨。

c. Faraona：烤或燉畿內亞珠雞。

d. Stracotto al Barolo：紅酒文火燉牛肉或小牛肉。

e. Fritto Misco：炸羊排拼盤，盤邊拼有蔬菜、甜麵包及時令鮮果。

f. Plump：把豬肉切爛，鑲在大磨菇內，然後放進滾燙的油內炸脆，或者是拿來烤，等到顏色變成金黃色即可送給客人品嚐。

Tomh or Tomini乳酪拼盤，盤內乳酪品名繁多，端出來讓客人選擇。除客人指定外，一般會在盤內附加藍乳酪（Brus Cheeses）和一種黑色果醬（Cugna），它是用葡萄酒汁、水果和果仁做的點心，常和乳酪配在一起吃。

以上所舉的菜餚名稱，都是在義大利美食之區皮德蒙特區的餐廳，不分大小館，最為流行的菜款。當然，出了皮德蒙特區之外的餐館，也會有其他出色菜餚，但是所用的義大利文名稱則不會改變，把上述名稱了解後，相信對點義大利菜會有不少幫助。

第三節
義大利的葡萄酒

　　目前義大利的酒莊鄉村，也經過歲月的洗禮，不再以保守取勝，優雅和高尚的餐館比比皆是。它們的目的，就是不讓法國酒莊餐館專美於前。

　　在義大利，了解吃的遊客們（Savvy Travellers）都知道，只要跟著義大利人的腳步就不會有錯，不但餐館如此，酒莊也一樣。因為義大利人有一句老話，「好的東西都是齊聚在一起的」（What grows together, goes together）。言外之意是指好的酒莊都會有好的餐館相連。

　　由於義大利的地理形勢獨特，很適合種植品種不同，風格迥異的釀酒葡萄。其實，義大利釀造酒的歷史，遠在基督誕生之前。希臘人稱義大利為 Enotria，意思是指葡萄酒之鄉。義大利第一株葡萄蔓是希臘人種的，這株葡萄蔓也奠定了義大利在葡萄酒的舊世界裡取得了讓人尊敬的釀酒地位。

　　義大利釀造葡萄酒和飲用葡萄酒的數量遠超過世界其他國家，而它也是其中一個葡萄酒最大出口國。就以上個世紀九〇年代為例，義大利每年平均出口十六億公升的葡萄酒到世界各地，佔它的總產量四分之一。

　　義大利在還沒有加入原始的歐盟六國（英、法、義、盧、比、荷）之前，義大利政府對葡萄酒的品質管制並不嚴格，而義大利人喝葡萄酒也不太講究。自從加入歐盟之後，義大利政府對葡萄酒的品管，開始嚴格執行，並且把義大利葡萄酒分為四級，清楚標識在商標上。這四級是：

一、日常餐桌酒 Vino da Tavola，簡稱 VdT。

二、地方餐桌酒 Indicazione Geograficha Tipica，簡稱 IGT，此種酒有若法國的鄉村酒 Vin de Pays。

三、法定地區葡萄酒 Denominazione di Origine Controlcata，簡稱 DOC。

四、保證法定地區葡萄酒 Denominazione di Origine Controllata e Garantita，簡稱 DOCG。

　　上述四種分類中，只有 DOC 和 DOCG 受到嚴格管制，而第四級酒可以說是義大利葡萄酒中的極品。

第四節
義大利葡萄酒的重要詞彙

Abboccato 微甜

Acidita 酸度

Acidulo 帶酸

Alcool 酒精

Amabile 中度甜酒，比 Abboccato 略甜

Amaro 苦

Amarognolo 杏仁的苦味，很多義大利好酒，都有
微苦的餘香（Finish）

Annata 收成年份

Bianco 白酒

Botto 木桶

Etichetta 標籤

Fiasco 酒壺，例如傳統的基安帝（Chianti）草籃
酒瓶

Gusto 香味

Imbottigliato da 由××酒莊裝瓶

Invecchiato 陳年

Pastoso 微甜

Riserva　珍藏，指陳年時間特別長，只有DOC和
　　　　　DOCG 標誌的葡萄酒，才能用此名

Reserva Speciale　珍藏，只有 DOC 和 DOCG 的
　　　　　　　　　酒才能用此名

Rosato　玫瑰紅酒

Rosso　紅酒

Rubino　紅寶石色

Sapore　香味

Secco　不甜

Semisecco　中度甜酒

Spumante　氣泡酒

Superiore　DOC 中之極品酒

Uva　葡萄

Uvaggio　混合葡萄，用多種葡萄釀造

Vecchio　陳年

Vendemmia　葡萄收成年份

Vino da Arrosto　強勁陳年紅葡萄酒，專門配烤肉
　　　　　　　　飲用

第五節
義大利五大名酒區

　　由於義大利地形獨特，不同地形出產的葡萄所釀出來的葡萄酒各具特色。以地形而分，義大利共有五大酒區：

義大利酒區

一、西北區

以皮德蒙特區和倫巴迪（Lombardy）兩產區的酒最有名。前者出產的紅酒可藏十年以上才喝，後者以DOC高濃度略甜紅酒有名。皮德蒙特也是一個美食之區。

二、東北區

義大利著名的蘇威白酒（Soave）即產在此區。

三、中部區

以托斯卡尼（Tuscany）產區最為有名。義大利「國酒」基安帝即產在此區。它又名「上帝的淚水」（The Tears of God）。古老相傳，有一次上帝雲遊，當祂經過杜斯卡尼維蘇威火山區時，發現地上的魔鬼比人還多，上帝的同情淚水不禁如決堤般流出來。說也奇怪，凡是經上帝淚水「滋潤」過的地方，日後都長出葡萄蔓藤，拿它的果實來釀酒，味道芳香醇醪。於是，「上帝的淚水」之名不脛而走，基安帝紅酒也變成「義大利國酒」。

與基安帝相鄰的蒙提普西安諾貴族酒區（Vino Nobile de Montepuiciano）出產的葡萄酒，風格和基安帝相近，但風格更優雅且酒味濃郁，因為產量不多，故有「貴族」（Nobile）的封號。

四、南部區

義大利南部氣溫較高，但多高山區，地形可以把高溫降低，因此高山葡萄區比比皆是。出產典雅的紅、白葡萄酒，不過，以質地而言，還是略遜於中部以北的好酒。

五、離島區

義大利有兩個離島葡萄酒產區，一是西西里島（Sicily），另一是薩丁尼亞島（Sardinia）。

西西里島以出產瑪薩拉紅葡萄酒（Marsala）。此酒以強勁而有名，特別受英國人關愛。多數英國人把它視為飯前酒。瑪薩拉紅葡萄酒分三級：

一、名貴級（Vergine），酒精濃度百分之十八，配味道濃的乳酪最好，也是頂級飯前酒。

二、極品級（Superiore），是 DOC 級中的優質酒。

三、一般級（Fine），西西里島人最愛喝的紅酒。

　　薩丁尼亞島釀出的葡萄酒的風味和西西里島的酒相近。該島也出產一種名叫維納西亞（Vernaccia）紅葡萄酒，味道濃烈，是理想的飯前酒。有一些酒客拿它來和西班牙的雪利酒相提並論，但土壤、氣候、葡萄種和栽種方式都不一樣，因此不能相比。雪利酒是西班牙國寶級酒，待在西班牙篇中詳談。

上帝的淚水 CHIANTI 酒莊及其葡萄園

第六節
廿一世紀義大利飲食特色

由於國際旅遊風行，旅遊人口打破了義大利傳統區域甚至地方區域的飲食習慣，為了配合歐盟和世界貿易組織的相關規定，義大利美食、美酒漸趨國際化。

發揚傳統美食，透過國際美食展，把義大利傳統特色和國際接軌，不但要融入地球村中，而且還要成為活躍的一員。譬如說，2005年9月整個月在義大利西西里島舉行的「國際北非小米美食宴」（International Couscous Fest）就是一個最好的例子。這種菜源自北非的遊牧民族，因為西西里島有過不少外族進住，如希臘人、羅馬人、諾曼人、阿拉伯人、西班牙人甚至猶太人，他們留下的烹調方式，因代代相傳和互通技術，西西里島就變成自成一格的西西里島飲食特色。

2005年參加北非小米美食宴的國家名廚包括突尼亞西人、摩洛哥人、巴勒斯坦人、以色列人、阿爾吉尼亞人、象牙海岸人、塞內加爾人以及當地的西西里島人。其中值得一提的是，以色列的廚師也融入上述回教國家的廚藝高手之中，可見飲食是沒有國界之分的。

傳統義大利菜過於著重調味料，調味料有如一個框架，把廚藝框在架子裡；可是，新的一代廚藝高手，已

跳出了範圍。他們專注於在作料的使用要平衡，不可過分注重區域性的口味而只專注於某幾種作料。

創意列為首要，創意有如一股活泉水，靈感由此而來。不可顛覆傳統，過猶不及是當今義大利廚藝人員的座右銘。

從上述三個指標，看看義大利廚藝的創作：

紅葡萄酒

a. **麵包粉煎小牛嫩肉排配蘑菇醬**（Veal Scallopini W/ Mushroom Sauce）佐以義大利皮德蒙特區巴貝拉紅酒（Barbera d'Alba），此酒具果香和辛辣味特色，相佐得宜

b. **麵食炒番茄，九層塔和大蒜**（Pasta W/Tomatoes Basil Garlic）配以法國龍河名酒 Crozes Hermitage

c. **羊肉配基安帝覆盆子醬**（Lamb W/Chianti Raspberry Sauce），佐以美國加州辛芬黛葡萄酒（California Zinfandel）

白葡萄酒

a. **淡菜、蛤肉麵**（Spaghetti Cosse E Vongole）佐以法國龍河葛利那許名酒（Cote du Rhone, Grenache）

b. **飯前開胃菜佐以加州蘇維翁‧布朗白酒**（California Sauvignon Blanc）

c. 新鮮乳酪沙拉（Caprese Salad），佐以義大利陶佳・佛立烏拉諾白酒（Italian Tocai Friulano）。

從上列舉例看，義大利廚藝已經和世界接軌了。

建築於十二世紀的 POGGIO ALLE MURA 城堡，在托斯卡尼酒區的班夫酒莊之上。

第七章
地中海諸國的飲食文化和
健康飲食

　　在地中海諸國中，包括希臘、義大利、西班牙、葡萄牙和土耳其等國。義大利的飲食文化已於前章論述；土耳其的飲食文化多數受到回教文化的影響，再者，土耳其領土只有部分臨近地中海，其餘均和亞洲接鄰；因此，本章所討論的範圍，只限於希臘、西班牙和葡萄牙三國。

第一節
希臘飲食文化的演進

　　希臘是西方文化的搖籃，而希臘的葡萄酒文化，遠在三千年前就記錄在荷馬的史詩內。荷馬形容愛琴海是一片深褐色海洋。荷馬指的深褐色，即是日後的紅葡萄酒。酒在希臘人的血液裡已「奔騰」了好幾千年，也可以說酒是希臘人生活的一部分。

　　當希臘霸權極盛時期，釀酒技術和種植葡萄蔓普通常識，也隨著國威而遠達四海。希臘人的祖先也是懂得經商的商賈之人，希臘商人隨著貿易風把酒的文明發揚到交易地，彼等所到之地，遠超過希臘軍隊所及之地。其中受惠最多的是法國的祖先們，如若沒有希臘商人溯龍河（The Rhone）而上，法國人對種栽葡萄的啟蒙時期，可能會延遲千年之久。

　　希臘人對吃並不是太講究。祖先如此，現在也是一樣。其實，吃喝也是一種文化的擴張。譬如說，世界各大城市常看見法國餐館、義大利餐館、中國餐館、日本餐館、印度餐館，甚至連中東如黎巴嫩餐館，到處可見，而上述諸國的名酒，也可以在各大城買到；但但希臘餐館和希臘葡萄酒，有如稀有物品，很難發現。這是甚麼原因造成的呢？當然和歷史有關。

　　首先，當希臘文明被羅馬文明取代後，對希臘最直接影響是國力衰疲，積弱不振，這情形沿續將近兩千年。當一個國家長期陷入貧困狀況後，它的食物均以「溫飽為主」，自然不會動腦筋到研究、發展這個層次上。美食、美酒，對希臘人而言，是一個追逐彩虹的夢，永遠遙不可及。

　　其次，希臘人對吃沒有「熱愛」。前文所提，義大利人對吃有一種熱愛；因此，義大利人會動腦筋到飲食方面上去，但希臘人吃食只為求溫飽，自然不會啟發研究改善飲食的動機。

　　最後，希臘四面環海，北方和阿爾巴尼亞、馬其頓、保加利亞及土耳其接壤，均屬貧瘠的山區，當然不會有好酒美餚；希臘的南部屬地中海型熱帶氣候，多是海島，居住在海島上的希臘人，多以捕魚為生，再加上熱帶的水果，成為海島居民的主要食物。由於謀生容易和氣候使然，讓希臘人養成滿足現狀的習慣。滿足現狀是研究開發的最大絆腳石。

　　在希臘諸海島當中，其中以克里特島最為有名。除了歷史古跡吸引成千上萬遊客外，蜚聲西方世界的「地中海健康飲食」（The Mediterranean Diet），也就是一般人所稱的「長壽飲食」（The Longevity Diet）。美國哈佛大學醫學院特別派遣了一組醫療團隊，長期駐紮在克里特島，觀察島上居民的飲食生活習慣，以便找出他

們健康長壽的原因。

　　對克里特島居民而言，他們對一日三餐的簡單食物會受到外人重視而感到驚訝！其實，地中海健康飲食的內容十分簡單，它包括：番茄、橄欖油、魚、純穀麵包和自釀的紅葡萄酒。

　　其中值得一提的是，克里特島上的人所喝的紅葡萄酒都是用島上的葡萄釀造的，而且釀造過程十分粗糙，酒的味道苦澀。這種釀造方式所製造出來的葡萄酒，是不是造成克里特島人長壽的原因，目前仍在研究中，其他幾種食物對身體有益均有科學的證明。另外一點，住在克里特島上的人，大約有百分之九十九都是「心臟病免疫族群」（Free From Heart Disease），而現今的西方文明社會，心臟病卻是頭號殺手。也許這是哈佛大學醫療隊長期住在克里特島的原因吧！

　　前文所述，酒在希臘人的生命中扮演一個非常重要的角色，希臘人也相信酒是神給人類的恩賜，況且，希臘人有過一段漫長的釀造葡萄酒的歷史，希臘的文豪、藝術家、詩人，常把酒形容成人類的「生命之泉」！沒有酒，根本無法生活下去！希臘人自古以來就很重視酒，為甚麼希臘酒就沒有像希臘文學一樣廣受世人的喜愛和「尊敬」呢？查其原因，就好像是希臘悲劇一樣，是歷史上人為錯誤所造成的。

羅馬帝國時代，希臘是帝國版圖的一員。當帝國政府頒布屯兵政策之後，駐紮在高盧地區（法國前身）的羅馬軍事指揮官發現，在高盧地區的氣候、土壤種植葡萄蔓釀酒，要比希臘的條件好得太多；於是，地區最高指揮官上書羅馬君王，建議將葡萄蔓種植區由希臘移至高盧，以利屯兵補給之用。這個建議立刻得到帝國政府的批准，也為日後希臘葡萄酒畫下失敗的句點！

中古黑暗時代，希臘是拜占庭帝國（即東羅馬帝國）的一員。希臘諸島並沒有受到蠻族的入侵，因而保留了葡萄種植法和釀造葡萄酒技巧，為葡萄酒留下元氣。約在十一世紀，拜占庭帝國國君亞歷西亞斯（Alexius）下了一道令諭，讓威尼斯商人擁有希臘酒的專利銷售權。在專利制度下，希臘的葡萄酒酒商和葡萄農因無利可圖，於是，劣酒充斥市場，希臘的聲譽由此一落千丈。等到鄂圖曼帝國建立，希臘葡萄酒的悲慘命運從此注定。

希臘葡萄酒的元氣，等到第二次世界大戰結束以後才慢慢恢復。不過，希臘葡萄酒真正發揚光大，再度受到世人注意，則是在上個世紀八〇年代希臘成為歐盟一員以後的事了。希臘獲准加入歐盟後，對葡萄酒推廣所做的第一件事是，引用法國的「酒原產地品管法」，把希臘酒納入管制中。

希臘政府也效法西班牙和澳洲，想利用 2004 年雅

典奧運的機會，把希臘美食、美酒帶進國際社會。雅典奧會前一年，希臘皇后蘇菲亞曾號召旅居海外的希臘廚藝高手回國服務，為希臘美食開創新局，曾有不少「愛國之士」回到雅典為美食服務，不過，成效不彰。到雅典參觀奧運的人都對希臘沒有美酒、美食一事，略帶微詞。希臘的飲食要想走上世界舞台而受世人眼神關注，還有待歲月的歷練。

目前，希臘最受人稱頌的葡萄酒是「瑞辛納白酒」（Retsina）。希臘人稱之為「酒中之酒」。瑞辛納白酒採古老方式釀造。原料除了葡萄外，還加了松脂，氣味也因而特別芬芳。為甚麼要加松脂呢？比較可靠的解釋是，古希臘人用羊皮袋存酒，為了要去掉羊皮的怪味，因而在釀酒的時候特別加入松脂。瑞辛納白酒和希臘的海鮮或口味淡的肉類搭配最好。

希臘的「馬夫羅代芬尼紅酒」（Mavrodaphne, Red）廣受南歐人喜愛。酒本身呈褐紅色，愈陳年愈好，因而贏得「黑色桂冠」的雅號。

第二節
西班牙飲食文化特色

　　西班牙因地形的關係，它和世界其他地方接觸的機會遠較歐洲各國為多。西班牙和法國之間有一座高聳雲霄的庇里牛斯山脈，把兩國關係硬生生的分開。再者，西班牙國內的城堡政治不但影響國家統一的步調，侷促一隅的城堡文化，也讓西班牙的飲食文化停滯不前。

　　西班牙也曾是一個海上霸權的國家，但它發展的結果，卻和英、法甚至荷蘭都不一樣。首先，哥倫布在西元 1472 年發現新大陸，西班牙在教皇的令諭下，將美洲的土著教化成天主教教徒，拉丁美洲日後成為西班牙語系和天主教信友的新世界。哥倫布一直深信，他所發現的地方，就是他追求的「香料之島」（The Spice Island），也就是所謂的東方之國。哥倫布 1472 年到了新大陸之後，就再也沒有重返故國。1506 年他客死於新大陸。從人類文化擴張來講，哥倫布貢獻至大。但對西班牙的飲食文化發展而言，貢獻不多。因為往後絡繹於新大陸之途的西班牙人，並沒有為西班牙帶回有助飲食文化發展的相輔作料和資訊。西元 1588 年，西班牙無敵艦隊（The Invincible Armada）征英慘敗。西班牙海上霸權由盛而衰。西班牙的國力也一蹶不振。教宗凌駕皇

權之勢由是展開。在神權的桎梏下,失去自由的思想和理念,飲食文化根本沒有發展可言。

　　西班牙人對美食、美酒的要求,還是始於西國在上個世紀八〇年代加入歐盟之後才發展的。歐盟對西國入盟的首要條件是,一定要遵循「朝九晚五」的世界上班準則。西國未入歐盟前,西班牙人的飲食習慣是中午大休息,享受美好午餐,下午四、五點才恢復上班時間。晚飯通常是九點才開始,因為喝酒和吃飯的時間過久,自然影響第二天早上的上班時刻。時至今日,西班牙語文系的拉丁美洲國家,仍然守著殖民地時代留下來的遺規。西班牙人吃、喝的習慣是,只要能滿足漫長的餐點時間即可,至於食物本身好壞,並不講究。

　　到了上個世紀八〇年代,西班牙成為歐盟會員國之後,加上交通建設完善,貫穿了庇里牛斯山脈的快速公路完成,西班牙和歐洲也變成一山之隔的鄰居,西班牙人一直對歐洲存有的孤獨感也因而消失。國際會議和各式各樣的國際活動也在西班牙舉行,其中以西元 1992 年在巴塞隆納舉行的奧林匹克運動會達到高峰。隨後的十年發展,西班牙也搖身一變而成觀光大國。於是,西班牙的飲食也隨著人與人緊密交往而有了高規格的要求。

　　西班牙從二十世紀八〇年代末葉開始,新一代的廚藝大師輩出,他們做菜的烹調手法各有不同,但他們都

有幾個共同特點：

　　第一：利用電腦和資訊，做為研發的基礎，再加上腦力的激盪，跳出傳統重量不重質的圈圈規格。

　　第二：重創意而不重仿傚，年輕一代的廚藝宗師本身都是受過專業的訓練，懂得創意的重要性。他們了解，只走仿傚的路子，永遠不能超越法、義兩國。

　　第三：西班牙本有區域特性，這是城堡文化留下來的傳統，現代的西班牙的廚藝是講究「融合」（Fusion），把區域特色融合為一是一種藝術。也是新一代廚藝大師們追求的目標之一。

　　第四：善用本國產品特色，因為西班牙環海，海產特多，海鮮餐飲走上前端，各種不同方式烹調的西班牙海鮮飯，就是其中特色之一。

　　第五：新一代廚藝宗師們注重技巧、概念及領悟。他們認為口味有如蜉蝣，是非常短暫的，口味隨時會更改，有如吃的文化隨時會變一樣。因此，不斷追求創新，才是今後應走的正確道路。西班牙名廚藝大師佛連・安德利亞（Ferren Adria）是新一代廚藝大師群的代表人物。他有一次對記者說：「我們從來不保存紀錄。每天都是在和昨天挑戰。我們因此而成名。」這群年輕高手，雖然都功成名就，但他們還在尋求通往更上一層樓的梯階。

第三節
西班牙的釀酒特色和好酒

　　西班牙人釀酒的歷史，可以追溯到基督誕生前四世紀，可以說是釀酒古國。時至今日，西班牙人仍舊保留傳統的古法釀酒，也成為他們的特色。到西班牙品酒，仍然可以品嚐到古樸而郁香的醇酒。

　　西班牙的好酒有兩種，一種名叫里奧哈紅酒（Rioja），另一種則是國際聞名的雪利酒（Sherry）。

　　里奧哈紅酒又名「牛血」，味澀且呈深紅色，初次品嚐的人會覺得它的味道太濃烈，不過，喝多幾次之後，就會覺得夠味了。里奧哈紅酒是用橡木桶陳年，它有點呈奶油液體狀，有異於一般紅酒，「牛血」之名，由此得來。

　　西班牙也像法國和義大利一樣，對酒的品管十分重視。在執法方面，較義大利尤嚴。酒品管制分兩類，一類是屬「DO 級」（Denominacion de Origen），凡有「DO級」標籤的酒，均屬中上水準；另一類是「DOCA級」（Denominacion de Origen Calificada），列為極品酒。到西班牙或本地市場買西班牙酒，要注意上述兩個標籤，如果沒有上述標籤的話，最好考慮過再買。

　　西班牙的國酒是雪利酒。西班牙政府對雪利酒的品

管非常嚴格。按照規定，只有用「金三角」地區出產的葡萄釀成的酒，才有資格稱之為雪利酒，用其他地方葡萄釀造的酒，不可以「自封」為雪利酒。這個「金三角」地區剛好由三個名城：赫麗茲（Jerez）、聖路卡（Sanlucar）和波圖（Puerto）組成。此區葡萄冠絕西班牙，因此，用這三個城鎮的葡萄釀成的酒，也就自然而然成為雪利酒類中的極品了！

雪利酒分成兩種，一種稱之為「芬諾」（Fino），另一種稱為「奧魯羅蘇」（Oloroso）。前者色淺，不甜而味香；後者色深，香味不及前者，味道較甜。芬諾雪利酒可以和湯一道喝，也可以視之為飯前酒。奧魯羅蘇雪利酒則是最好的晚餐飯後酒，與甜點相配尤佳。

雪利酒，特別是芬諾雪利酒，一定要冷卻之後才喝，不冷卻的話，顯示不出它的香味。

西班牙赫麗茲白蘭地酒

第四節　葡萄牙

　　葡萄牙是歐盟會員國中最窮的一個會員國。雖然葡萄一度有過輝煌的帝國歲月，但歷史的錯誤決定，讓它和貧窮為伍。當十五世紀葡萄牙帝國海上霸權建立之初，航海家亨利王子（Prince Henry The Nevigator）指引著葡萄牙的海上艦隊發現了西非洲及其相鄰的蠻荒之地，隨後葡萄牙航海家瓦斯哥・迪・加馬（Vasco da Gama）繞道非洲而到達印度。葡萄牙人是第一個到達中國和日本的歐洲人。葡萄牙人在西元 1550 年發現南美的巴西並佔為己有。現今的世界上，有兩億人口說葡萄牙語。但是，葡萄牙的海上勢力擴張，沒有給葡國帶來財富，也沒有對吃的文化有所貢獻，查其主因，葡國佔領的海外殖民地都屬地寡民瘠的窮困之區，如非洲的葡屬安哥拉和莫三比克殖民地，以及葡屬東帝汶。雖然巴西一度是葡萄牙的屬地，但在美國的門羅主義保護傘下，巴西早獨立於葡萄牙政府統轄之外。葡萄牙在 1910 年變成共和國，但葡萄牙從 1932 年到 1968 年都是由右翼強人蘇拉薩（Salazar）一人獨裁統治，對非洲殖民地用兵年年，搞到民窮財盡，人民難得溫飽，哪有美食的慾望。但遠在東方的澳門，卻為葡萄牙殖民地的美食大放異彩，可以說是歷史的吊詭。

不過，葡萄牙雖然在食的文化上沒有做出貢獻，但它獨特的波特酒（Port Wine），卻在世界酒的文化上佔了一席很重要的地位。葡萄牙人在杜魯河谷（The Douro Valley）釀造波特酒已有四百年的歷史。波特酒、雪利酒和馬迪拉酒（Madeira）共稱為三種最好的飯後酒（Fortified Wines），指的也就是加強酒。上述三種酒的酒精成分從百分之十五的淡雪利酒到百分之廿二的陳年波特酒（Vintage Port），馬迪拉酒則介於兩者之間。不要以為酒甜好入口，喝多的話，很容易醉。

波特酒是屬葡萄牙「國寶級」的酒。因此，在慶祝葡萄成熟豐收的慶祝場面，也屬「國寶級」的，因為在其他國家，即使是法國，也根本見不到。

葡萄牙人對葡萄豐收季節特別重視，不但是舉國歡騰，也是最吸引國際觀光客的最大日子。每當葡萄收成季節來臨時，葡萄園莊主都會通宵達旦慶祝。觀光客隨著村民一個村莊又一個村莊的吃喝。參加豐收的男女老少，往往要長途跋涉。他們走路的時候，男女分成兩行，女人的頭上頂著一個籮筐，裡面放著衣物，男人則帶著樂器和酒瓶，邊走、邊唱、邊喝。這種無憂無慮的日子，只有在南歐可以體會到。

當葡萄園主的慶祝會完畢之後，參加慶祝酒會的「酒客」和「吃客」們，又準備到另一個葡萄園莊參加慶典。「酒客」和「吃客」們臨別之前，由一群婦女帶

頭，圍繞在廣大的庭園裡，其中一名「女發言人」首先
高叫著：「葡萄牙萬歲！葡萄豐收季節萬歲！園主萬
歲！賓客萬歲！」總之，萬歲之聲不絕於耳！最後，
「女發言人」自己高喊著：「我自己萬歲！」其餘賓客
也同樣附和，而慶祝高潮也在「自己萬歲」聲下結束！

　　值得一提的是，波特酒能揚名世界，英國人也出了
一臂之力。英國人喜愛喝波特酒，特別在西元 1703 年
和葡萄牙政府簽訂「米蘇安條約」（Methuen Treaty），
以確保波特酒的供應不虞匱乏。而在英、法兩國交惡的
的年代裡，英國上流社會的紳士們，為了要表示愛國情
操，特別選波特酒而棄法國紅酒，酒對社會人士心態的
影響，又得一明證。

葡萄牙人說：在良辰美景之夜，你只需要
記著兩個字，一個是愛人的小名，一個是
常喝的波特酒名

第五節
胖子變多了

　　本章曾述及地中海的飲食方式非但有益身體健康，且是長壽之道。不過，進入廿一世紀之後，居住在這個「歐洲陽光地帶」的人，特別是年輕一代的人，已開始和美國人一樣，體重日益增加，查其主因，是逐漸放棄這種有益身體健康的飲食而追逐「速食時尚」。

　　英國《泰晤士報》在 2005 年 4 月 12 日的一篇特別報導中說，從希臘到西班牙，歐洲南部民眾體重增加的速度比北歐來得快；因此，和肥胖相關的疾病如血壓高和心臟冠狀動脈病症，也隨著速食文化而來。

　　南歐民眾體重急速增加，都是導因於城市規模的擴大及全球化影響，且情況愈來愈不易控制。有識之士認為，如果南歐民眾肥胖情況不及時糾正，引以為傲的地中海長壽食譜，很快就會變成觀光食譜，只有慕名而來的觀光客才會去品嚐它。

　　根據法國馬賽國家醫學研究機構在 2005 年 4 月 5 日發布的一項研究報告指出，六十歲的民眾如果採用地中海長壽食譜，要比採其他飲食方式的同齡民眾平均多活一年。

　　以往，在南歐地區，年輕人體態肥胖的情況並不普

遍。現在，四處都可以看到胖子，每四個孩童就有一個
過重，每六個就有一個真正大胖子。

　　哈佛大學特別派遣一個醫療小組長駐希臘克里特島
研究當地人士的飲食習慣，最後證實地中海飲食習慣有
助身體健康；現在，南歐人卻捨棄了祖先留下來的飲食
寶典而去追求速食，寧非是一大諷刺？

面臨愛奧尼亞的希臘小城CEPHALONIA，是盛產
希臘加強酒和紅酒的名葡萄酒區。

第六節
廿一世紀西班牙飲食文化的推動力：
政府主軸，觀光、外貿配合

西班牙政府為了要迎頭趕上法、義兩國的美酒和美食，特別在 2006 年 1 月 17 日一連三天在首都馬德里舉辦一場「美食之旅大展」。在展出期間，西班牙的名廚都親自上陣，現場表演拿手技藝為觀眾「解惑」。同時，西班牙旅遊局和外貿協會聯合捐助三百萬歐元（約合三百六十萬美金）給大展當局，以期美食和美酒展出有聲有色。這是西國政府第一次把美食、美酒和觀光跟外貿融合在一起，表明西班牙要有後來居上的決心。

這次大展有兩個主題，第一個是將西班牙的火腿和橄欖油推上火線，要和義大利一較高下，因為義大利在這兩方面一直都處在優勢。另外一個明顯的目的是，西班牙的名貴葡萄酒也在展覽會場大放異彩，透過傳播媒體報導，西班牙的葡萄酒已非「吳下阿蒙」。

從西元 2000 年開始，西班牙外銷的火腿、橄欖油、乳酪和酒，數量都在大幅成長。根據西班牙外貿協會的數字統計，到 2005 年為止，西國外銷的橄欖油增加了一倍，火腿成長了百分之四十、乳酪增加百分之五十二、葡萄酒上升了百分之十五。飲食品外貿數字的增加，是西班牙飲食文化受到肯定的最好證明。

　　本文前述，西班牙飲食文化能在上個世紀八〇年代迅速冒起，主要原因是靠飲食文化革命的動力。這股動力，一直持續到廿一世紀還沒有衰退。其中最主要的原因是，西班牙的飲食文化革命已從幕後走到台前。食譜變成廣受歡迎的「課本」讀物，電視台介紹烹調技術，成為爭取婦女觀眾的「主流」。烹調學院成為熱門學府，西班牙名廚荷西・安德瑞斯（Jose Andres）在展會接受記者訪問時說：「約十年前，我放棄就讀大學而去專攻烹調技巧時，我的同班同學用瞧不起的口吻對我說：『你怎麼墮落到這個地步？』現在，西班牙人特別尊敬專業！」

　　尊重專業，可以說是推動飲食文化革命的另一股動力。當社會大眾養成尊重專業的習慣後，沒有甚麼力量可以阻礙社會運動的發展，飲食文化革命自不例外。

　　西班牙的觀光事業看到這股脈動，有先見之明的人，都紛紛投入觀光加美食、美酒的行列，名廚特別為觀光客設計的美食名酒菜單，紛紛出現在西班牙大城的五星級旅館內，讓遠道而來的觀光客有不虛此行之感。也有一些名廚，他們設計的觀光食譜是走普羅大眾路線，他們了解，泰半觀光客是屬「預算級」的遊客，太貴的東西會把他們嚇走。精美平價食譜會讓他們一試再試，於是，觀光加美食、美酒的促銷目的也就達到了！

　　到了廿一世紀，西班牙的廚藝也進入了「融合時代」（The Age of Fusion），可以說是飲食文化革命所

播下的種籽,已開始萌芽!

現在舉幾個例子,說明「融合時代」西班牙廚藝傑作:

紅葡萄酒

　　a. 甜麵包配蝦仁及野蘑菇,以布根地(皮諾特·奴娃葡萄)紅酒相佐

　　b. 西班牙米飯配海鮮和肉,以西班牙牛血紅酒相佐

　　c. 腓力牛排配西班牙青紋乳酪汁(Cabrales Sauce),以美國加州巴巴拉葡萄酒相佐(California Barbera)

白葡萄酒

　　a. 海鮮湯,佐以西班牙霍特立比(Hondarribi)白酒

　　b. 烤琵琶魚配大青豆和辣香腸(Chorizo),佐以龍河白酒

　　c. 西班牙長青椒釀鹽醃鱈魚,佐以加州夏多利白酒

　　從以上的例子看,新一代的西班牙廚師在烹調的時候,確實超出了傳統調理框架,走向挑戰。

第八章
德、俄兩國飲食文化的今昔

　　條頓民族和斯拉夫兩個民族，是最不懂得吃的民族，不過，他們對飲食方面卻迭有貢獻。德國的啤酒和白葡萄酒，在酒的世界裡獨領風騷有百年以上的歷史，盛名至今不墜。俄國的伏特加酒和瑪珊特拉甜酒（Massandra）給世界帶來驚訝！前者和魚子醬一同入口，可以說是絕配，它也是雞尾酒中不可或缺原料，後者卻是俄皇尼古拉斯二世珍藏，但鮮為人知。到了 1991 年的一次拍賣會中，才以驚艷之姿和世人見面。

　　德、俄兩國的民族性偏向於冷漠和陰鷙，毫無浪漫性可言。一個沒有浪漫情懷的民族，自然和吃這方面「絕緣」。因為吃要靠浪漫的想像力做為研發的基因。看看拉丁民族，他們多懂得吃，因為他們天生就有浪漫的因子，在沒有教條的桎梏中找出一條美食之路。

　　條頓民族地處北歐，地瘠民貧，加上酷寒的氣候，

先天上條頓民族對吃的要求不高，只求飽暖，所以吃的東西非常實在而沒有花俏的烹調技巧。就以麵包而言，德國人的麵包設計是以填飽肚子為主，而法國人的麵包，卻變化多端。同樣是麵粉做的食物，但呈現出來的就是不一樣！

德國香腸是德國人的主菜，香腸的做法很多，但是它們的式樣，都是以大件為主，而義大利人的香腸，千變萬化，如果沒有浪漫的想法，是做不出來。因為德國冷的日子比暖和的日子要長久很多，因此，德國人把蔬菜製成醃製品，以利保存。德國酸菜幾乎是德國人的主要作料，尤其是德國豬腳，如果沒有酸菜相佐，幾乎難以下嚥。久而久之，德國豬腳配酸菜，卻成為德國的國家級招牌菜。到德國去的外國人，不論是公務或旅遊，至少要吃兩次德國豬腳，否則德國之行不算圓滿！

2006 年世界杯足球賽六月在德國舉行。說起來也挺有意思，德國主辦當局和旅遊機構，一致對外宣示，要在世界杯足球賽比賽的二十二天裡，一定要讓來自全球的足球迷和觀光客們，一嚐德國頂級菜餚，而正式推出來的，卻是道地的德國豬腳加酸菜。由此可見，德國人對吃，是多沒有浪漫的想像！

而斯拉夫人，他們祖先居住的地方更靠近北極。到了彼得大帝時，斯拉夫民族在他的「英明領導」下，四出外侵，攻城掠地。不過，他們所搶來的土地也不過是

一片冰天雪地的「戰利品」。對富國裕民並沒有甚麼幫助。

　　斯拉夫人因地處冰天雪地，為了要保護臉部，每一個人到了冬天都要戴一頂只露雙眼的禦寒厚絨帽。帽子戴久了之後，臉部的表情通常是被遮蓋住。人與人的溝通，也靠四目交流。內斂、陰鷙的個性從小開始養成。表情對斯拉夫民族而言，只不過是一種演戲的方式。人性的喜、怒、哀、樂都埋在內心深處絕不表露出來。一個民族的表情若是不輕易顯現的話，他們對吃的要求也就不會太高。

　　到了羅曼諾夫王朝時代，俄國霸權出現，統治階層也嚐到了權力的滋味，因此，對飲食也有了美的一面的要求。不過，美酒、美食只存在於上流社會，民間疾苦的情況不但沒有改善，反而日趨惡化。

　　從彼得大帝在十七世紀初登基，到羅曼諾夫王朝最後一位君主尼古拉斯二世在 1917 年被共黨革命推翻這三百年間，俄國的吃並沒有甚麼太大改變。麵包、醃肉、香腸和蔬菜是一般家庭的食譜，到了週日的菜單，會加上魚子醬和伏特加酒。上述的飲食只限於社會中產階級，對低收入的人而言，可以說是一種遙不可及的「美食」。

　　從 1918 年共黨執政到 1987 年戈巴契夫上台這六十餘年間，俄國都是在共黨統治下，而老百姓也是過著「配給」的日子，在這種情況之下，要想改善飲食文化

使之有所突破，豈非緣木求魚！斯拉夫民族不能像拉丁民族一樣享受美食，可以說是一種宿命。

　　俄國自普丁總統在廿一世紀初上台執政，他力主發展俄國觀光，開放天空並整修聖彼得堡，讓它成為2003年9月高峰會的場所，從以上各種決策來看，俄國的飲食環境會有所改善，因為要發展觀光，就必須從飲食方面著手！

前東柏林進入西柏林的哨站 CHECK POINT CHARLIE，現已成為買紀念品的中心

第一節
德國的啤酒和白葡萄酒

　　德國人是最喜歡喝啤酒的民族。每人平均一年要喝三十五加侖啤酒。這的確是一個驚人的數字。

　　德國人喝啤酒有悠長的歷史，遠在基督誕生前八百年，德國的老祖先們就懂得釀造啤酒了。德國人喝啤酒的習性多數和他們吃的食物有關。德國人不講究吃的文化，但是德國的豬腳和酸菜卻是一絕，而這道揚名世界的德國國寶級料理的最佳搭配是啤酒而不是白葡萄酒。此外，德國香腸風味絕佳，也只有德國啤酒配德國香腸才是最佳的選擇。

　　喝德國啤酒要懂得訣竅。

　　首先，千萬不要喝由大啤酒桶倒出來的啤酒。一定要喝瓶裝啤酒。前者有如自來水般從桶子裡放出來，所有啤酒應有的香味已蕩然無存。

　　其次，德國啤酒種類繁多，如果不知如何點叫，只要記住一點就好，就是要喝當地釀造出來的啤酒。譬如說，到慕尼黑訪問，一定要喝慕尼黑產的啤酒。到布來梅，自然要喝布萊梅啤酒。釀造啤酒的原料雖同，但是每個地方的水質不一樣，因此，釀造出來的啤酒的味道也就不一樣。這也是為甚麼許多歐洲名牌啤酒到了亞洲

生產之後，其味道和母公司原產的完全不一樣的原因所在！水質決定了一切！

德國人喜歡到酒吧裡消磨時間，特別是冷天的時候，大夥擠在酒吧裡喝啤酒取暖，可以說是一般德國老百姓的享受。社會因素往往決定飲料的「命運」。

德國作家霍斯特‧竇布殊（Horst D. Durn Busch）在他的《德國的啤酒故事》（The Story of German Beer）一書中說：「啤酒可以激勵上進，啤酒可以堅定意志，啤酒可以給予慰藉，在德國文化中如果沒有啤酒，是一件不可思議的事！」

除啤酒之外，德國白酒要以莫索爾區（Mosel）蕾絲玲白酒最為有名。遠在莎士比亞年代，英國人覺得德國產的紅葡萄酒不錯，其實，那是因為當時德國擁有大部分法國紅葡萄酒精華區。隨著歷史的演進，今日德國只以白葡萄酒聞名，紅葡萄酒產區早已歸還法國。

德國的蕾絲玲白葡萄酒具有芳香和醇醪兩大特色，實非其他地方所產的白酒所能匹敵。要喝好的德國白酒，一定要了解德國酒的標籤。一般人對德國酒的接觸機會不多，自然對酒的符號和文字不甚了解。要品嚐好的德國白葡萄酒，不妨先認識以下幾個重要標籤，然後再看看葡萄酒糖分，才慢慢學會享受。

德國白葡萄酒相關詞：

Deutscher Tafelwein：它說明這瓶酒只是水準不高的普
　　　　　　　　　通餐桌酒。一般而言，只有在若干德國小鄉
　　　　　　　　　鎮才可以喝到這類日常酒，產量不多，酒也
　　　　　　　　　是用混雜的葡萄釀成。
Landwein：它的含義有若法國的「Vin de Pays」，也就
　　　　　　是區域性的鄉村酒。在德國二十個葡萄產
　　　　　　區，隨時都可以喝到這類酒。
Qba（Qualitatswein Bestimmter Anbaugebiete）：它
　　　表示來自特別酒區而品質極優的酒。凡是印有 Qba
　　　的白酒，都是非常芳香甜美的好酒。
Qmp（Qualitatswein Mit Pradikat）：有這種標籤的德
　　　國白酒，可以說是極品。因為標籤上是說：「此酒
　　　用上等葡萄釀造，芳醇甜美。」

　　以上四個標籤也用來分辨酒質的好壞。第一個最
差，最後一個最好。

　　此外，值得注意的是，德國白酒的甜度或者是含糖分的多寡，都會特別書明，等級順序而上。

Spatlese：非常甜，而且味道濃烈。

Auslese：較前者尤甜，常有濃厚的蜜糖味。

Beerenauslese：甜而味濃，屬上選之酒。

Eiswein：味道甜得非常特別，屬極品。

Trocken Beerenauslese：甜而芳香，酒精濃度較低，
　　　　　　　屬特選品級，且可以存放很久。

德國慕尼赫童話故事鐘樓，每小時轉動一次。

第二節
伏特加酒、魚子醬和馬珊特拉甜酒

伏特加酒（Vodaa）原本是帝俄時代的高級飲料，它源起於波蘭和波羅的海三小國，然後傳到俄國。到了十八世紀，俄國人就把這種烈酒變成象徵俄羅斯帝國霸權的飲料。俄國人用馬鈴薯作為釀造伏特加酒的主要原料；因此，它比西方國家的烈酒如威士忌酒、白蘭地酒和琴酒等還要強烈。沒有酒量的人，只要一杯伏特加酒，可能就會倒地不起。

俄國人喝強烈的伏特加酒和氣候有關，因為它可以驅寒。特別是在冰天雪地中工作的人，一定要藉伏特加酒的強勁，讓血脈流通而增加體力。另外一個原因是，它和魚子醬有關。俄國人常說，吃魚子醬的時候伴以伏特加酒，配麵包或煎餅，才能真正顯示出快樂的一面。俄國人常把笑容「冰凍」起來，唯有喝伏特加酒配魚子醬的時候，臉上才會露出快樂的表情。

俄國高級魚子醬是用鱘魚（Sturgeon）或白色大鱘魚（Beluga）的卵子製作，而後者的魚子在做上等魚子醬時才用。帝國時代只有宮廷貴族才能享受到白色大鱘魚魚子醬。

在共黨統治時代，政府對漁民捕捉鱘魚或白色大鱘

魚都有配額管制，而且一定等到牠們達到「法定年齡」
可捕捉時才能捕捉，萬一捕到小魚而沒有放回到海裡，
一旦被岸上的檢查人員查捕，立刻會被吊銷捕魚執照。
因此，牠們有廣闊的生存空間，不愁會有「滅種」的一
日。

　　可是，共黨政權瓦解後，嚴格控管漁獲量的機制跟
著消失，濫捕、濫殺的場面與日俱增，白色大鱘魚已到
瀕臨絕種的階段，而鱘魚的數量也急速下降。在共黨政
權瓦解後短短十餘年間，居然會有這種殘酷的情景出
現，普丁政府在聯合國和世界保育團體的壓力下，只好
嚴格執行漁獲量的配額制度。如果成效不彰的話，很可
能會頒布禁止俄國魚子醬的禁令。目前在美國的奧立崗
州，已著手人工養殖鱘魚，以備不時之需。

　　俄國的伏特加酒和魚子醬，應該是給全球飲食世界
的兩項「冷門貢獻」。但對雞尾酒來說，伏特加卻是
「偉大貢獻」。

　　現在要談談俄國的馬珊特拉紅葡萄甜酒。

　　馬珊特拉甜酒出產在雅爾達以南的克里米亞半島，
也就是今日的烏克蘭。它是俄皇尼古拉斯二世的御用甜
酒。為了保存好酒的質和量，1894年尼古拉斯二世特別
在麗維迪亞（Livadia）夏宮建立酒窖，貯存甜酒，以為
己用。1936年，史達林奪權掌政後，特別在馬珊特拉地
區建立集體葡萄農場。這也許是世界上第一個專種葡萄
的集體農場。

　　尼古拉斯二世和史達林都是喜愛馬珊特拉甜酒成痴的人物,因此,在他們掌權的年代裡,馬珊特拉甜酒只屬貴族特權階級的飲料,一般俄人根本喝不到,它雖屬好酒,在西方世界的葡萄酒市場上,卻好像是不存在的酒類。

　　國際市場第一次接觸馬珊特拉甜酒,要遲到 1990 到 1991 年之間,那是拜蘇富比公司所辦的「俄皇時代骨董大拍賣會」,才知道這種極品好酒。它就好像是一顆蒙塵已久的明珠,當抹淨塵埃之後,終於再度展現閃爍的光芒。

　　1999 年 1 月,英國酒商惠特漢斯國際公司(Whit-whams International)和馬珊特拉酒廠簽訂獨家銷售合約,專門在世界各地分銷馬珊特拉甜酒。它們的年份可追溯到 1775 年的產品。目前馬珊特拉甜酒共有二十萬箱可在市面出售。但是在 1891 年以前的葡萄年份的馬珊特拉甜酒,只能在骨董拍賣時才可以買到。

　　一瓶 1900 年年份的馬珊特拉甜酒要二千一百元美金,而一瓶 1891 年的酒,卻要一萬元美金才能買到。

第九章
美國的雞尾酒文化、葡萄酒、波本威士忌酒和不相稱的速食文化

　　美國是一個講究喝雞尾酒（Cocktail）的國家，雞尾酒成為美國文化的主要一環。沒有雞尾酒，尤其是週末，美國人幾乎有一半就好像是失魂落魄，不知如何過日子。在各種的雞尾酒場合中，都有小點心（Finger Food）佐酒，於是一般美國人對吃不太講究，因為雞尾酒會歸來已是夜闌人靜、疲乏之身也就沒有意願下廚，久而久之，速食成為一般美國人家庭的主食，從大到小都以速食為主，即使是每週一次的大採買，貨色均和速食有關。美國人體重過重，特別是青少年，也變成社會的嚴重病態問題。

第一節
雞尾酒名字的來源

先談雞尾酒，它是美國人「偉大發明」之一。也是老美貢獻給世界最好的禮物。任何不同種類的派對場合，雞尾酒是不可或缺的派對寵物。雞尾酒這個字源自何處呢？沒有人能提供正確的答案。因為它的來源說法很多，以下是幾個比較有趣的說法：

a. 有人說，雞尾酒這個字源自法文 Coquetel。居住在法國波都區的人，當他們喝混合酒的時候，都用這個字來形容。後來，美國人從這個字中得到靈感，因而發明了雞尾酒。

b. 在美國內戰時期，駐守在亞特蘭大城的南軍，閒來無事之餘，總會到一家酒館買醉，因為酒館內的調酒人是一個年華雙十的美女，芳名叫奧特麗（Octell）。內戰結束之後，曾經喝過她調酒的人，不約而同回到亞特蘭大城，想再睹芳容。無奈的是，「桃花依舊，人面已非」。於是，「奧特麗的酒」經過他們的傳誦，也就變成日後的雞尾酒。

c. 一些住在阿姆斯特丹宿醉未醒的酒鬼，每日清晨還要喝酒。身強力壯的荷蘭女酒保只好用雞毛掃

把把他們趕出店。雞尾酒的名詞也從醉漢嘴中傳開來。

d. 美國革命期間,有一個愛爾蘭籍少女,常用烤雞和酒來歡迎革命軍。她還在每一個酒杯上插一根很美麗的雞毛。等到革命成功之後,雞尾酒這個名詞也就傳揚開來。

清晨波士頓城的查爾斯河風景

第二節
雞尾酒的種類

　　雞尾酒的種類到底有多少，沒有一個人能夠說出來，因為雞尾酒是隨興調製，只要能創造出名詞的調酒而且也為人接受，那麼，它就是新款的雞尾酒，換而言之，它的種類永遠是在增加。通常而言，雞尾酒的種類可分為三種來源：

1. 雞尾酒的名稱來自Bartender Directory「酒保手冊」，手冊內的雞尾酒都被廣泛採用。一個酒保，應該熟記手冊內的名稱和調製法。一個合格的酒保，至少要熟記三分之二才能站在調酒台後，特別是在繁忙的時候，根本沒有時間去翻手冊。

2. 雞尾酒的名稱來自客人，在美國，特別是賭城，酒吧是二十四小時營業的。不少上了年紀的老婦人，喜歡在墳場（Graveyard）時段（23：00～07：00），坐在吧檯上喝酒，她們都是有錢、有閒的寡婦，因為寂寞，喝酒時愛和酒保閒聊，酒保對他們也非常有禮貌的伺候，因為她們小費給的特別大方。這些老婦人常常會考酒保，出些雞尾酒名來問酒保會不會調？因為她們涉獵很廣，雞尾酒也記得不少，特別是稀有酒

名，當一個酒保被考倒，她們非但不生氣，反而很高興，在高興之餘，除了有好的小費之外，她們還會要求酒保把她們的雞尾酒名列在手冊內，顧客提供，也成為雞尾酒種類來源之一。

3. 透過發表會而獲得公認，美國各地都有酒保協會（The Bartender's Association），通常一年至少有一兩次聚會，討論調酒心得，會後都會選出前五名的調酒，參加區域性比賽，最後參加全國性的比賽，獲勝者都會刊登在協會的年刊，透過媒體在飲食篇中介紹。能夠獲得公認的雞尾酒，可以說是創意的回饋。雞尾酒也是一種創意性的發明。美國雞尾酒文化也是因為有創意、有回饋，才會「發揚光大」。

STINGER 史汀格

SIDECAR 車傍

MANHATTAN 曼哈頓

CHAMPAGNE COCKTAIL 香檳雞尾酒

第三節
雞尾酒調製法

雞尾酒的調製方法千奇百怪，但萬變不離其宗。它的調製方式約可分七大類：

第一類是用美國威士忌調製，稱之為美國波本威士忌雞尾酒 Bourbon Cocktail。

第二類是用白蘭地酒調製，稱之為 Brandy Cocktails。

第三類用琴酒調製，稱之為 Gin Cocktails。

第四類用蘭姆酒調製，稱之為 Rum Cocktails。

第五類用雪利酒調製，稱之為 Sherry Cocktails。

第六類用伏特加酒調製，稱之為 Vodka Cocktails。

第七類用蘇格蘭威士忌酒調製，稱之為 Scotch Whiskey Cocktails。

美國威士忌雞尾酒

太陽神（Apollo）

  材料：3/4 盎司波本威士忌、1/4 盎司可可酒（Créme de Cocoa）

  調配法：把以上材料和碎冰塊倒進調酒壺內，用力搖勻，濾進雞尾酒杯內，用紅櫻桃點綴，再加新鮮濃奶油一匙，浮在酒面上。

白蘭地雞尾酒

愛神之弓（Cupid's Bow）

材料：3/4 盎司白蘭地酒、3/5 盎司蘋果白蘭地酒（Apple Jack），一滴石榴糖漿（Grenadine）、1/4 盎司萊姆汁（Lime Juice）。

調配法：把以上材料和碎冰塊放在調酒杯內攪勻，濾進雞尾酒杯內，用紅櫻桃點綴。

琴酒雞尾酒

吉卜賽女郎（Gypsy Dancer）

材料：2/4 盎司琴酒、1/4 盎司桃子白蘭地（Peach Brandy）、1/4 盎司法國苦艾酒（French Vermouth），一滴橘皮甜酒（Grand Marnier）。

調配法：把以上材料和碎冰塊倒進調酒壺內搖勻，用檸檬皮把雞尾酒杯邊擦一遍，然後濾進雞尾酒杯內。

蘭姆酒雞尾酒

戴奎利（Daiquiri）

　　材料：一計量杯（Full Ounce）巴卡地蘭姆酒
　　　　　（Barcadi Rum），1/2 湯匙糖粉、1/4 盎
　　　　　司檸檬汁。

　　調配法：把以上材料和碎冰塊倒進調酒壺內，用
　　　　　力搖勻，濾進雞尾酒杯內，用牙籤穿
　　　　　一枚紅櫻桃點綴。

雪利雞尾酒

蘭花（Orchids）

　　材料：1/4 盎司雪利酒、1/4 盎司香蕉酒、1/4 盎
　　　　　司都邦尼特開胃酒（Dubonnet），一滴
　　　　　牙買加蘭姆酒（Jamaican Rum），一滴
　　　　　萊姆果汁。

　　調配法：把以上材料和碎冰塊倒進調酒壺內搖
　　　　　勻，用紅櫻桃點綴。

伏特加雞尾酒

芭蕾舞星（Ballet Dancer）

　　材料：2/4 盎司伏特加酒、1/4 盎司橘子甜酒、
　　　　　1/4 盎司苦艾酒。

　　調配法：把以上材料和碎冰堆倒進調酒壺內，用
　　　　　　力搖勻，濾進雞尾酒杯內，用一片檸
　　　　　　檬皮點綴。

蘇格蘭威士忌雞尾酒

真情（True Love）

　　材料：1/3 盎司蘇格蘭威士忌、1/3 盎司波特酒
　　　　　（Port Wine）、1/3 盎司法國苦艾酒。

　　調配法：把以上材料和碎冰塊倒進調酒壺內，用
　　　　　　力搖勻，濾進雞尾酒杯內。

第四節
雞尾酒的器皿

調酒壺（Shaker）

調酒杯（Mixed Glass）

量酒器（Measured Cup）

調酒匙（Stirred Spoon）

調酒棒（Stirred Stick）

過濾器（Strainer）

小刀（Knife）

第五節
雞尾酒主要佐料

1. Plain Syrup　純糖漿
2. Dubonnet　法國開胃酒
3. Absinthe　苦艾
4. Crème de Cocoa　可可酒
5. Green Crème de Minthe　綠薄荷甜酒
   White Crème de Minthe　白薄荷甜酒
6. Crème de Rosé　玫瑰露
7. Calvados　法國蘋果酒
8. Grenadine　石榴糖漿
9. Kummel　庫米爾甜酒
10. French Vermouth　法國苦艾酒
11. Italian Vermouth　義大利苦艾酒
12. Blue Curacsao　藍橘皮甜酒
13. Appricot Brandy　杏果白蘭地
14. Angostura Bitters　粉紅色調味酒
15. Benedictine　法國香味甜酒
16. Cointreau　法國康特里奧橘味甜酒
17. Amer Picon　安瑪派康香味酒
18. Maraschino　義大利甜櫻桃酒

19. Orange Bitters　橘子調味汁

20. Anisette　法國茴香甜酒

21. Apple Jack　蘋果白蘭地

22. Green Chartreus　青查德里奧斯法國甜酒

23. Yellow Chartreus　黃查德里奧斯法國甜酒

24. Bitter Campari　甘巴利苦酒

25. Sweet Campari　甘巴利甜酒

26. Cherry Herring　櫻桃酒

27. Mandarin Liqueur　桔子甜酒

28. Grand Marnier　橘子甜酒

29. Curacao　橘皮甜酒

30. Pernod　派諾德甜酒

31. Van Der Hum　南非果子甜酒

32. Crème de Yvette　伊芙特甜酒

33. Drambuie　蘇格蘭甜酒

34. Crème de Banana　香蕉甜酒

35. Khalua　咖啡甜酒

36. Crème de Cassis　黑嘉倫子餐後甜酒

37. Crème de Noyaux　杏仁甜酒

38. Kirsch　德國櫻桃酒

39. Dry、Sweet Sherry　不甜雪利酒、甜雪利酒

第六節
最流行的雞尾酒及調配法

1. Martini dry（馬丁尼，不甜）

   1/2 盎司琴酒、1/2 盎司法國苦艾酒、檸檬。

2. Martini Sweet（馬丁尼，甜）

   1/2 盎司琴酒、1/2 盎司法國苦艾酒、櫻桃。

3. Gibson（吉普臣）

   1/2 盎司琴酒、1/2 盎司法國苦艾酒、雞尾酒洋蔥。

4. Manhattan（曼哈頓）

   1/2 盎司波本威士忌、1/2 盎司義大利苦艾酒、粉紅色調味酒一滴、櫻桃。

5. Vermouth Gin（苦艾琴酒）

   各 1/2 盎司。

6. Screw Driver（螺絲起子）

   1 盎司伏特加酒加橘子汁。

7. Pink Gin（粉紅琴酒）

   1 盎司琴酒、數滴粉紅色調味酒。

8. Old Fashion（古老服裝）

   1 盎司波本威士忌酒、糖粉一茶匙、粉紅色調味酒數滴、檸檬皮、橘子皮、櫻桃。

9. Gin Fizz（琴酒費茲）

1 盎司琴酒、檸檬汁 2 盎司、蘇打水一杯、糖粉一至二茶匙。

10. American（美國佬）

1 盎司甘巴利酒、1 盎司義大利苦艾酒攪勻加冰塊（On The Rocks）或不加冰，但也要在冰塊內攪勻才倒出來。

11. Sidecar（車傍）

1 盎司琴酒、半杯冰檸檬汁、1 盎司康德里奧橘味甜酒。

12. Stinger（史汀格）

1 盎司干邑白蘭地、1 盎司白薄荷酒。

13. Whitelady（白女士）

1 盎司干邑白蘭地、1 盎司康德里奧橘味甜酒、檸檬汁。

14. Champagne Cocktail（香檳雞尾酒）

1 盎司香檳酒、1/2 盎司粉紅調味酒、糖粉、櫻桃、橘子片、檸檬皮。

以上 15 種常見雞尾酒的調配法非常簡單，如果客人點的是 On The Rocks（加冰塊）則把雞尾酒攪勻倒進杯內，再加少許冰塊，如果客人不要冰塊，只需把材料放進有冰塊的壺內用力搖勻，然後透過濾器把雞尾酒倒進雞尾酒杯內。

15. Brandy Alexander（白蘭地亞歷山大）

1/2 盎司可可酒、1/2 盎司白蘭地酒、新鮮奶油。

第七節
美國的葡萄酒

在世界飲食文化的板塊中，美國葡萄酒佔了一塊很重要的位置。因為美國不但是一個出產葡萄酒的國家，美國人喝葡萄酒佔世界第三位，僅次於法、義兩國。但是美國葡萄酒為甚麼不像法、義兩國一樣，早登世界葡萄酒壇金冠呢？說穿了，不外是天意和人謀不臧。前者屬於不可測的災難，後者則怪自己打敗自己！

美國葡萄農們首次碰到的災難叫做「葡萄瘟疫」（Phylloxera）。從十六世紀到十八世紀，整整兩百年，加州葡萄農都受困於「葡萄瘟疫」而無法找到病源。釀酒，自然也談不上了！到了十九世紀末葉，美國的植物病蟲害學家們終於找到病源，發明了「波都混合液」，到了廿世紀初葉，肆虐美國近三百年的「葡萄瘟疫」才正式滅絕。

一次大戰後，美國葡萄農以為可以安然種葡萄，然後可以釀酒。不過，事與願違。在廿世紀的二十年代，美國發生「禁酒」（Prohibition）的瘋狂運動。對酒商和釀酒的人來說，簡直是「黑暗時代」。酒館、酒廠和酒店被無情之火毀了不算，連葡萄園也受池魚之殃。加州葡萄園的農夫們元氣大傷，久久難以恢復。

二次大戰結束後，從歐洲解甲歸田的美國大兵，因為他們在轉戰歐陸戰場之餘，嚐過不少庫存美酒，回國之後就投身種葡萄和釀葡萄酒的行業。然而，五〇年代「大量生產」（Mass Production）哲學在美國掀起一股熱潮。「大量生產」成為生產線中的主流，釀酒自然也不例外。於是，貽笑大方的「水壺酒」（Jug Wine）應運而生。始作俑者應推保羅‧馬尚（Paul Masson）。「水壺酒」一出，又注定美國酒不能在國際酒壇上佔一席地位的悲慘命運。

美國葡萄酒甚麼時候在國際酒壇上冒出頭的呢？相傳是受到一個故事刺激所致。有一年，一群國際品酒專家齊聚一堂，他們一面品酒，一面聊天，大家都獲得一致結論：「法國紅、白葡萄酒是世界上最高貴的酒；德國萊茵和莫索爾兩河流域出產的白酒，它的芳香，是其他酒所不能匹敵的；義大利酒充滿鄉土氣息；西班牙以雪利酒聞名於世；葡萄牙的波特酒稱霸酒國。」

有一個微醺的品酒專家忽然問：「那麼美國的葡萄酒的長處在哪裡呢？」其餘的人望著他，然後一致放聲大笑說：「美國的葡萄酒只配當煮菜用的調味料！」據說，美國人受不了這種譏笑，開始在釀酒方面「發憤圖強」，並且不斷從歐洲國家引進優良的葡萄品種，大量在加州培植，從上個世紀七〇年代開始，加州葡萄酒也稍有名氣了！

詹森和尼克森兩位總統，為了推廣美國的葡萄酒，

曾分別下令所有美國駐外使節，凡是有宴會的場合，都一律要用美國釀造的葡萄酒，以收「愛國推廣」之效！美國葡萄農們在詹森和尼克森兩位總統鼓吹「美國人喝美國葡萄酒」的愛國主義感召下，開始振作起來。加州的葡萄農在培植葡萄時，也起了革命性的變化。其中最有名的是，培植出美國特色的辛芬黛葡萄（Zinfandel），用它釀造出來的紅酒，獨具風格。辛芬黛紅葡萄酒的色澤非常廣闊，它可以從深紫色到淺粉紅色。酒的味道也因顏色深淺不同而迥異。顏色深的酒有點像越橘（Blueberry）加點草藥，味道濃郁，適合配紅肉。淺紅色的酒有點和少女害羞時的臉紅色相近，因而也贏得了「少女的紅暈」（Blush Wine）的美麗綽號，最受年輕一代人的歡迎。

美國加州葡萄區要以尼拔河谷（Napa Valley）和蘇魯馬河谷（Sonoma Valley）兩條河谷最為有名。除了辛芬黛葡萄之外，還有夏多利葡萄和卡伯尼特葡萄（Cabernet）。到了八〇年代初葉，梅樂葡萄（Merlot）、皮諾特‧奴娃葡萄（Pinot Noir）和蕾絲玲葡萄（Reisling）也相繼問世，都可以釀出美味芬芳的紅、白葡萄酒。值得一提的是，美國政府從 1983 年開始，要酒廠貼上葡萄產地標籤，以杜絕劣酒充斥市場。從九〇年代初開始，美國太平洋岸的另外兩州奧立崗州和華盛頓州也栽種葡萄釀酒，而且名氣也開始上揚，甚受美國酒商好評。除此之外，美國紐約州、維吉尼亞州、密蘇里

州、德克薩斯州、馬利蘭州，甚至亞利桑那州都在種葡萄釀酒，以期有朝一日，先打敗加州，再進軍國際市場。這種發憤圖強的企圖心，可以說完全拜美國政府品管之賜。

由於美國一向注重包裝，美國葡萄酒也不例外。只要稍為注意九〇年代的美國釀造的葡萄酒瓶和標籤，就會有耳目一新的感覺。在廿一世紀世界葡萄酒市場裡，美國葡萄酒已佔了重要的地位。

葡萄酒標籤起了革命性變化，
美國是首創者。

第八節
美國波本威士忌酒

美國的波本威士忌（Bourbon Whiskey）和蘇格蘭威士忌及加拿大威士忌並列為世界三大威士忌。雖然世界上還有不少國家釀造威士忌酒，但以銷量而言，還是以蘇格蘭威士忌酒獨步全球，另外兩種威士忌只能列為國內消費品。

美國釀造威士忌酒也有長久的歷史。其實遠在獨立戰爭之前，來自英國的移民就在東部新英格蘭區釀造私酒牟利。因為利潤不高，英屬殖民地政府並沒有注意到稅收的問題；再者，移民都是用玉蜀黍釀造，更引不起英國殖民官吏的重視。因為移民時代的美國人大量種植玉蜀黍，它不但是移民的主要糧食，其他部分就變成釀酒的材料。

美國獨立戰爭結束後，華盛頓在 1789 年宣誓就任為美國第一任總統，可是到了 1791 年，美國政府稅收不敷，經濟衰退。華盛頓總統為了挽救經濟危機，只好下令徵收酒稅。這一紙命令，群情譁然。特別是分布在賓夕法尼亞州的美國人更是憤怒，他們對徵收酒稅的酒稅官員動武，聯邦政府不得不派兵鎮壓。這是美國史上有名的「威士忌反叛事件」（The Whiskey Rebellion），叛亂最終平定。但是為了逃稅，酒商和釀酒之徒紛紛南遷，最後定居在肯塔基附近，繼續釀造私酒牟利。美國是一個聯邦政府，很多屬於州政府主導的事務，聯邦政府沒有辦法主動去插手干預，各州政府對釀酒的政策就是一例。肯塔基州加入聯邦政府後，由於肯塔基州釀酒是合法的，但有些美國其他的州不但釀酒非法，且禁止公開售酒。為了解決這個問題，聯邦政府通過聯邦法，規定酒只能在自己州內銷售，不得越州販買。這條不得越州銷售的禁令，到了廿世紀八〇年代才解除。但有些州還是執行不得私自越州訂購他州的酒類，一定要透過代理商購買才算合法。

美國波本威士忌是用玉蜀黍釀造，它的味道和其他兩種威士忌不一樣。美國威士忌較香，但較烈。它和冰水一起喝最好。因為水本身無味，不會破壞波本威士忌酒特殊的香味。

第一次世界大戰結束，美國是戰勝國，美國波本威士忌隨著美國國力上揚，酒商興起拓展海外市場的念頭，但接踵而至的是，世界經濟不景氣，美國也首當其衝。其中最讓波本威士忌酒重挫的事件，莫過於發生在二〇年代的「禁酒」瘋狂行為。以清教徒為主的基督教基本教義派，加上極端的婦女反酒及女權運動，從美東大西洋燃燒到美西太平洋，對酒商和釀酒的人來說，簡直是黑暗時代的來臨。禁酒的漫天烽火，一直燒到小羅

斯福總統 1932 年當選，揭櫫新政，讓美國經濟度過蕭條的危機。當經濟恢復景氣之後，禁酒的瘋狂運動也就隨風消逝。不過，對波本威士忌酒而言，簡直是「風暴十年」。

　　二次大戰結束後，美國國力如日中天，但波本威士忌酒並沒有利用美國國力打開海外市場，除了波本威士忌酒本身的特殊口味之外，英國在海外根深柢固的蘇格蘭威士忌市場，還是牢不可破的。

　　不過，波本威士忌酒卻在雞尾酒調製上大放異彩，成為雞尾酒七大主流之一。很多人不喜歡喝純的或加水的波本威士忌酒，但卻對以波本威士忌酒為主而調出的波本威士忌雞尾酒，情有獨鍾。這也許是波本威士忌酒神秘之處吧！

第九節
美國速食文化形成的背景及其影響

美國速食文化的源起，和五〇年代的大量生產哲學有其直接的關係。大量生產的結果，讓超級市場及連鎖店如雨後春筍般在美國各大城市出現。由於五〇年代是美國的昇平時代，城市居民外移到郊外的白領階級住宅區，新市鎮區的發展也給超級市場打開了另一條活路，換言之，也就是速成的冷藏食物取代了新鮮食品。每週購物一次，也變成郊區家庭主婦的習慣。於是，每一個家庭都設有兩個冰箱。一個是給冷藏食品用的，另一個則為貯存日常生活食品。速食文化也因而開始形成。

其實，美國速食文化的急速形成應與「漢堡文化」與「可口可樂文化」有關。前者解決了烹調問題，後者則提供「美味」飲料，增加食慾。一面吃漢堡，一面喝可樂，是速食文化最好的解讀。

如果要從社會學方面來解讀速食文化迅速成長的原因，不外乎是美國人的忙碌生活和破碎家庭愈來愈多有關，因為這兩類人口所能最快解決一日三餐所需的，莫過於速食餐飲。一個或兩個漢堡，加上一大杯冰凍可口可樂就可以飽餐一頓。愈來愈多的家庭，一日三餐都用速食來解決「民生問題」。

速食，它讓全家同桌吃飯的機會愈來愈少。父母和子女的隔閡，兄弟姐妹之間的關係，也因為速食而發生疏離感。美國的黃金五〇年代最讓人羨慕的是，全家同桌吃飯，飯前的同桌禱告的情景，隨著速食文化入侵到每個家庭而慢慢消失。

由於美國社會福利制度使然，低收入家庭數量愈來愈多，而他們靠廉價的速食維生。而這類速食，除了高含量的卡路里之外，不具任何營養素。一般而言，窮人才會瘦，如非洲的饑饉國家的老百姓，可是美國為全世界製造第一個窮而胖的大階級。根據美國數字統計，大約有三分之二的美國人是過重或痴肥（Obesity）。雖然其中不一定全是窮人，但形成的原因，都是和速食有關。

美國兒童節目的電視廣告向兒童強銷速食產品，讓兒童從小就受到速食文化洗禮，壞習慣一旦養成，往後要改就很困難。目前美國社會上正醞釀向強銷速食給兒童的食品公司進行訴訟，理由是他們的速食電視廣告有害兒童健康。這些人認為，既然可以向菸草公司訴訟，也同樣可以向出售速食的食品公司訴訟。不過法律界人士認為，成功的機率不高。因為不約束小孩看電視正好反映出社會制度出現問題和單親家庭的無奈和苦難。

美國超重或痴肥的飛機乘客過多，也引起機場的警訊。「這位胖人會不會坐在旁邊」的想法，顯示出廣泛的苦惱和不愉快。不久前，英國倫敦希斯羅國際機場流

傳一則真實的故事。一位女士去國際機場的免稅店買一條皮帶，那位女士是講的美國腔英文，服務人員用好奇的口吻問她：妳是美國人嗎？那位女士回答說：是的，我是美國人！服務人員用驚嘆的口吻說：天呀！我們很久、很久沒有碰到過這麼標準身材的美國人了！這則故事說明了身材正常的美國人愈來愈少了！

　　從若干尺度來衡量，痴肥或超重，正好反映出美國是一個飲食不良的社會。漢堡之類的食品是元凶，可樂之類碳水化合物飲料是幫凶！（註：碳水化合物即醣）

作者與加州 TAITTINGER 酒廠技師 ROBERTS 先生合照

第十節
廿一世紀美國飲食文化新趨勢

美國的速食文化雖然是美國一般人的主流飲食文化，但是，美國的飲食文化還有精緻的另一面。從紐約到舊金山，從休斯頓到克利夫蘭城，精緻的美酒、美食不斷密集成長，成為美國飲食文化的一股新動力。誰是這股新動力的操盤手呢？可以分兩方面說明：

首先，由於新一代的移民和美國裔的上一代或二代以上的移民的後裔如中國人、日本人、義大利人、法國人、西班牙人、阿拉伯人以及以色列人結合，為美國的飲食文化開拓了一條寬闊的飲食大道。在這條飲食大道上，它把廿一世紀的特色完全呈現出來：清淡、創意、優雅、精確和滿意。這五個特色將會主導今後美國的美食發展。

其次，美國當代的主廚開始注意到海鮮料理魚類和葡萄酒相配的最佳答案。它為美國開了一條美化海鮮飲食之路，也洗刷過去美國廚師不懂烹調海鮮的污名。而上述的當代主廚，他們正是新一代移民和移民後裔結合的新世代。現在舉例說明他們的新創意：

➤ 煎鱈排配以烤蒜甜調味料，是以前從未有過的嘗試。
➤ 日本壽司內容多樣化。

➤清蒸海鮮的種類愈來愈多，用中式鍋煮蝦的方式也愈來愈廣。

➤把處理肉的方式用來處理海鮮料理上，譬如說，用肉汁濃湯配鮪魚、龍蝦派、淡菜奶酥以及帶子配鵝肝醬，這些都是創意新口味。

其中值得一提的是，在上述創意的海鮮餐廳中所用的葡萄酒的酒牌，紅葡萄酒的款式居然比傳統的白葡萄酒款式來的多，這足以說明打破傳統的飲食搭配也變成廿一世紀的新時尚。

美國愛達荷州緯度與德國相若，
也以產 RIESLING 而有名。

第十一節
女士點雞尾酒的訣竅

美國《洛杉磯時報》專欄作家妮可‧羅貝姬（Nic-ole Lopage）在 2005 年 10 月 13 日的一篇專欄中提醒女士們：對許多男士們而言，女士們在約會時所點的雞尾酒，可以判斷當晚的約會是敗興而歸，還是回味無窮。

羅貝姬為女士們破解酒國密碼，擬出一份「約會點酒的教戰守則」：

➤ **啤酒**：大部分男士認為點啤酒的女士平易近人，不會刻意討好別人。除非約會地點是專門播放體育比賽的酒吧，否則女士最好還是不要點啤酒。

➤ **葡萄酒（紅、白皆可）**：品味挺高的，或者至少想讓對方留下這樣的印象。

➤ **瑪格麗特（Margarita）**：喜歡玩樂，個性豐富。

➤ **琴‧湯尼（Gin Tonic）**：男士對女伴點這種酒的反應不一，有些人覺得妳老於世故，有些人認為妳只圖一醉。但無論如何，都意味著妳的酒齡不短，羅貝姬建議女士還是少點為妙。

➤ **馬丁尼**：很有格調，或者是想把玩炫麗的酒杯。

➤ **蘭姆酒加可樂**：四平八穩的選擇。點這種酒的女士既能夠及時行樂，也知道分寸所在。

➤ **威士忌加可樂**：活潑敢表達，不在乎別人想法。

➤ **芭蕾舞星（Ballet Dancer）**：這位女士對酒一知半解，不過很能知趣，而且知道伏特加可以增進情趣，又不會太難喝。

➤ **伏特加紅牛（Vodka & Rioja）**：標準派對女郎，在夜總會喝這種酒最對味。

➤ **冰酒、麥克檸檬酒、庫勒（Cooler）**：男士們大概不會欣賞這類選擇，除非你們是在便利商店約會。

➤ **白俄羅斯人（White Russian）**：酒裡只要加牛奶，都會讓男士們退避三舍。

➤ **海風（Sea Breeze）**：偏向乖乖牌女孩，喜歡喝酒，但受不了太濃的酒精濃度。

➤ **龍舌蘭（Tequila）**：點這種酒的女士，會讓男士正中下懷；長夜漫漫，正缺良伴。如果妳還不想和他發生進一步親密關係，最好不要這種酒；要是有意和他共度春宵，那就乾杯吧！

第十章
多元化的亞太飲食文化

　　亞太地區在世界飲食文化中占了一個極為重要的地位。除了幅員廣大之外，就以歷史、種族、文化和飲食這四方面而言，都有各自獨特的性格，把它們加起來，不但不會相互抵消，而且還會構成一幅多采多姿的圖案。它就好像是一個萬花筒，不管怎麼去搖，它所出現的畫面，永遠是美麗調和的。

　　亞太地區的成員，各有不同的背景，有些是歷史古國，如印度；有些是新興的白人移民國家，如澳大利亞和紐西蘭；有些則是從殖民地獨立出來的國家，如印尼和馬來西亞，立國時間雖然不久，但他們卻和回教文化一脈相連且密不可分。至於日本和泰國，他們都有本身獨特的習俗，且沒有受過外族的統治。因此，它們過去不同的背景，在在都從飲食文化中表露出來。

　　在亞太地區裡，有兩個非常特殊的例子，一個是香

港，另一個是台灣，從飲食角度來看，他們同受中國飲食的影響，但是，隨著歲月的腳步和本身研發的結果，他們都開拓了自己飲食文化的路線。

自從地球村形成之後，住在地球村的人慢慢養成互動的習慣，這裡所講的互動，有若鄰居們彼此「串門子」。當話匣子打開之後，飲食變成談話的焦點；於是，心得的交換，也就成為飲食文化中的新課題：飲食融合，也就是共同的心得。

亞太飲食文化的特色，將在下列章次中一一介紹。

第十一章
日本的獨特飲食文化

　　要了解日本的飲食文化，先要從「定食」這個獨特名詞開始。日本人的飲食習慣是各自為政。即使是一個家庭團聚吃飯，也是各自一盤，飲酒也是各自一壺、一杯。由於飲食圈成一格，也養成日本人在做人處世方面規格相隨，有板有眼，沒有任何轉圜餘地的習慣。「切腹自殺」的民族性格，自是從日常飲食習慣中「培養」出來。

第一節
與海合作以謀生計

　　研究日本飲食的人，首要的作業是一定要去日本漁村了解日本人的飲食習慣。在那些漁村裡，可以看到日本人根之所在。日本人最引以為傲的海洋立國精神——「與海合作以謀生計」（A Co-Operative Livelihood From The Sea）。日本漁村的美食都和海產有關，最讓人懷念莫過於新鮮魚肉做成的壽司、生魚片和現場燒烤的魚肉。每一個漁村都有自釀清酒的酒莊出售自產清酒，而且酒莊都是老字號，釀酒歷史超過三百年以上的酒莊，比比皆是。

　　漁村飲食風格是日本飲食文化的根，從根而繁衍出來的日本飲食品味，都和清酒及新鮮可口的生魚片有不可切割的關係，也成為日本飲食文化的重要一環。

　　到日本漁村，可以立刻體驗到「與海合作」的重要性，也是日本進步的原動力。每到破曉，壯丁們一一駕船出海捕魚，家庭主婦也開始發揮本身一技之長：有些人織布做衣，除了貼補家庭生計外，同時也為她們（出海捕魚）的丈夫或兒子製衣和補網；有些婦女則灌溉後園的菜圃，耕種自己喜歡吃的蔬菜；有些家庭主婦則到碼頭等候漁船歸來，主婦把漁貨分類，若是碰到烏賊季

節，就會馬上拿去乾曬，以備日後食用。日本漁民每晚回家沐浴之後，先喝清茶，然後享用晚餐並以清酒相佐。於是，這種漁村飲食文化演變成為大和民族的飲食文化。

第二節
日本飲食文化的特色

　　飲食文化對一個民族健康的影響是非常深遠的。由於日本人喜歡吃海鮮，因此，日本人罹患心臟病和心臟相關的疾病並不多。心臟病並不是日本人的頭號殺手，但是，日本人有吃醃漬物的習慣，因此，胃癌和腸癌等疾病卻嚴重影響到日本人的國民健康。

　　日本在 1964 年舉辦東京奧運之後，日本走出了戰敗國的陰影，昂步向世界舞台進軍。不過，隨著日本城市國際化的第一個衝擊是速食文化也闖進了日本。還好日本人遵守著一道固有文化的準則，速食絕對不能進入家庭。在家裡吃和食（定食）是固守吃的文化的最後一道防線。任何家庭主婦一定會在家烹調具有日本色彩的和食，讓全家人在吃的時候，分享傳統飲食文化優良的一面。

　　日本飲食文化另外一個特色是講究廚藝，特別是刀工和擺設，都符合傳統飲食文化的規格。日本烹調藝術的正字標誌是：「簡單而優雅」。日本國師級的廚藝名師們都有一個共同理念：烹調的精髓所在就是食物用料的搭配和準備。換言之，食物的新鮮列為首要之選。為甚麼要著重在新鮮度呢？理由非常簡單，因為日本人篤

信食物不但要好吃，而且還要美觀。每一道菜都是藝術的詮釋。即使是一道簡單的前菜，當它端出來的時候，會給人一種色、香、味俱佳的深刻印象。日本人常說：「美食是觀感加口感」。

日本人愛吃海鮮，他們是世界上吃魚類和殼類海鮮最多的民族，而且，這些海鮮都是吃生的和未經烹調料理的。事實上，日本人也歡喜吃活蹦亂跳的新鮮活蝦，他們稱這種吃法為 Odori，也就是「跳舞」之意。常看到日本廚師從水箱裡把活蝦撈起來，去殼和清理蝦的內臟後即端出來，用餐的人用手指拿著蝦尾，然後沾上調味料，隨即一口吞下去。懂得吃的日本老饕堅稱這種吃法最夠味，更有一種蝦還在「跳舞」的感覺。

日本的廚藝是經過嚴格訓練，一代又一代傳承下來的。譬如說，餐館內負責烹調河豚的廚師，一定要有執照才能掌廚獻藝，因為河豚多毒，非一般廚師所能勝任。嚴格的規則為日本飲食文化留下特別的規格，即使廿一世紀的今日，到海外發展的日本飲食界，仍然維持和國內相同的水準，並沒有因為要「討好」外國人的胃口而改變本身的服務水準，這一點是值得其他國家飲食業者參考的。

再者，因為日本飲食業有一套優良的廚藝傳承制度，而較之於亞洲其他國家，特別是台灣、大陸以及東南亞華人廚藝界最大差異所在。前者的烹調藝術因為有傳承而不會中斷；後者多面臨後繼無人的危機。

第三節
日本清酒的特色和茶食文化

　　日本人飲清酒（Sake）也有上千年的歷史，清酒和日本菜餚相配可以說是一種和睦的徵兆。由於日本人沒有改變喝清酒的優良傳統，因而日本人也沒有改變食的習慣。飲和食對日本人而言，可以說是一物的兩面，彼此相依，沒有衝突。

　　日本人釀造清酒也有千年歷史，雖然說清酒的釀造材料非常簡單，只是米和清水而已。可是其間釀造的過程，卻需要智慧和過人的技巧，否則釀造不出極品清酒。

　　日本清酒約分兩類，一種是在釀造期間，稍許加一點蒸餾過的酒精，稱之為特製清酒，另一種則是不加酒精，純用米釀造的純米清酒。多數日本餐館都是用純米清酒，它要比一般的餐桌清酒（相當於法國的餐桌酒）的品質好得不知多少倍。

　　雖然清水是釀造清酒的重要元素之一，但水質好壞，決定清酒品質的優劣。除此之外，釀酒用的米，也可以決定清酒好壞的命運。因此，日本農民特別栽種專門用來釀造清酒的米，在未發酵釀造之前，所有的稻子都要拿到磨坊內加工，去掉稻子外殼而成白米，然後再

加水煮過發酵。加工愈精緻的米，釀出來的清酒會愈香醇。

特製清酒的品管可分三類：

第一類：穀粒外殼大概只去掉百分之三十，這類清酒稱之為 Junmai。

第二類：穀粒外殼大概打掉百分之四十，這類清酒稱之為 Ginjo。

第三類：穀粒外殼幾乎去掉百分之五十到六十五，這類清酒稱之為 Daiginjo。也可以說是特級品。

此外，日本清酒也可以陳年的。陳年清酒稱之為 Koshu，陳酒年份至少要在七年以上。陳年清酒非常烈，喝的時候要特別注意。

日本還有一種顏色有若白雲狀的清酒，稱之為 Nigori。

買清酒的時候，一定要注意清酒的出廠日期。一般而言，清酒是要冷藏的。如果把一瓶清酒保存在室內溫度的地方過久的話，它的品質也會受損。就好像是買一瓶牛奶而不放進冰箱，時間一久，一定會把牛奶的品質破壞掉，清酒也是一樣。

本文提及，隨著 1964 年東京奧運成功，日本進軍世界，隨之而來的是，國際飲料也湧入日本，不過，它

們還沒有辦法取代日本傳統的茶道。茶道精神是一種溫和的飲食精神。喝茶為甚麼會和飲食有關呢？因為日本的茶食有其特殊的歷史傳承。日本人喝茶，稱之為「茶道」。日本人和英國人都是海島民族，都是喝茶的民族。前者視之為一種禮和道的表徵；後者卻視之為一種侵略者獲勝後的一種享受。日本茶道是和日本民族一脈相承的；英國人喝茶始於帝國霸權興起，征服錫蘭之後。日本人喝的是帶有清新口味的綠茶；而英國人喝的是濃烈的紅茶。

日本人喝茶來自中國唐、宋兩個朝代的傳承，稱之為「懷石茶道」。由於清茶苦澀，容易傷胃，因而有茶食相隨，這和英國人喝茶，喜歡以甜餅乾相佐，極為近似。

第四節
日本蕎麥細麵：健康食品的新代言

　　隨著地球村的加速成長，國與國，或人民與人民之間的相互感染，也變得非常的綿密；於是，「健康食品」（Health Food）這個在西方國家首先倡行的名詞，也在日本流行起來。廿一世紀在日本，健康食品是指「日本細麵」（Japan Soba Noodles），目前廣受日本大眾歡迎。

　　由於健康食品在日本掀起一陣風潮，吃細麵也視為時尚。於是，古老傳統的日本細麵，在美食家的號召下，做細麵的週末學院和夜間學院，紛紛成立。學生除了以婦女為主之外，不少上班族的男士們，在下班之後或週末去註冊上課，學生的年齡從廿歲到七十歲都有，他們很認真的學做細麵。等到畢業之後，就可以獲得證書，其資格有若法國的「品酒大師」（Sommelier），日本人稱之為「細麵大師」（Soba Sommelier）。

　　日本人做細麵的歷史也有上千年。大約從西元 700 年，中國人做細麵的方法經過韓國而流傳到日本。但要到西元 1600 年間，東京正式成為日本政治中心之後，細麵在日本開始扮演社交媒介的重要角色。當時日本人把細麵當成一種點心，到麵館吃細麵，只是一種社交行

為，特別是當時的商人，都喜愛去麵館談生意，其於當時的社交作用，有若今日之咖啡館或酒吧！隨著時代的變遷，細麵館的功能也跟著改變，最後成為大眾化的細麵食堂。

精於吃細麵的日本老饕覺得，吃細麵的方式愈簡單愈好，把做好的細麵先冷卻下來，然後放在有醬酒和嫩蔥作料的湯裡，把細麵撈起來在吃之前，再加少許日本芥末，然後再從口裡吸進去。日本人在吃細麵的時候都會發出嘴吸麵的聲音（Slurping）。不要以為是失禮，日本人覺得發出聲音的一剎那，就是品嚐美味細麵條的最好時刻。

以往，日本的細麵館顧客都以上年紀的人居多，自進入廿一世紀之後，青年男女常到麵店吃細麵，因為他們受到「健康食品」觀念的影響所致。日本細麵是用蕎麥（Buck Wheat）麵粉製成，而蕎麥有高蛋白質、氨基酸和低卡路里，其中最重要的是含有芸香素（Rutin），一般相信芸香素有助於降低血壓和增強血管組織，甚至可以抗老和抗癌。

在日本，廿一世紀可以說是年輕一代開始思考「健康食品」的世代，因此，蕎麥細麵變成 e 世代的寵愛食品。日本人不分年齡和性別，一窩蜂般學做細麵，除了健康因素考量外，方便家庭主婦，甚至居家男在家裡做細麵也是另一原因。自己做細麵給全家吃或自己吃或者是做細麵請客，都有一種滿足感。

　　要不是「健康食品」的理念廣為日本人接受，相信，日本細麵也不會在日本全國掀起一陣吃細麵風潮。

日本人吃的粗麵叫 UDON，是用白麵粉做的

第五節
享樂主義的美食、美酒之都：東京

西元 1964 年，日本成功地舉辦東京奧運之後，正式向世人宣告，日本已從二次大戰後的戰敗國躍昇為世界大國。四十年後，也就是西元 2004 年 12 月，日本正式宣佈，東京已成為「生活藝術和優雅品味」的美食之都。因為一項名為「享樂主義者的晚宴」（A Dinner For Epicure）就在東京舉行。負責這項盛宴的有兩位世界頂尖的大師級人物。一位是法國「世紀名廚」祖爾‧羅布松（Joel Robuchon），另一位則是美國名酒評家羅伯‧派克（Robert Parker）。

派克負責「享樂主義者的晚宴」的酒單，席間有十九款頂級名酒，包括西元 1864 年份的法國拉飛堡紅酒（Chateau Lafite）、西元 1921 年份的法國迪昆堡白酒（Chateau D'yquem）和西元 1953 年份的法國馬葛堡紅酒（Chateau Margaux）等。「世紀名廚」羅布松表示，上述精選的頂級美酒將使他在菜單上面臨「困難的挑戰」。為了要匹配這些美酒，他要設計十九道菜和十九款酒搭配。

這項稱之為世紀之宴的老饕晚宴，全球只有四十位饕客受邀，雖然受邀者要支付一百萬日圓的「出席

費」，但以酒單而言，區區四千萬日圓，可能不足以支應盛宴的成本。

　　羅布松說：「『享樂主義者的晚宴』過後，東京可以正式成為『生活藝術與品味的象徵』。」對日本飲食文化而言，這又是一項偉大的突破。

在日本動物園也看不到南非才有的黑頭白身天鵝。

第六節
日本飲食進軍世界飲食舞台

　　日本飲食進軍世界飲食舞台可分兩個階段：第一個階段是上個世紀八○年代以前，第二個階段是八○年代以後，簡而言之，八○年代可以說是分水嶺。在第一個階段裡，日本設在海外的日本餐廳，不論是歐美各大城市，它的服務對象是以日本僑居或日本派駐海外的官方或商社代表為主，格局不大。主要目的是讓海外的日本人利用飲食的機會以解鄉愁。八○年代以後不一樣了，日本海外的餐飲走出了專以服務日本人的小格局，而是朝著向外國當地人士介紹日本飲食文化為主。換而言之，它屬於另類的文化擴張。

　　日本人了解，若在海外大城設立日本餐館，專門守著日本傳統的飲食規格是不夠的。它必須要與當地飲食文化結合為一，也就是「東西相會」。西方菜的作料和日本菜的作料合而為一，走出一條新路，在此同時，日本的清酒也不斷出現在西方餐廳的酒牌上，日本餐廳的酒牌，再不侷限於清酒。除此之外，在歐美各大城的日本餐廳，從外觀到室內裝潢；從美觀的庭園到優雅的座位；從服務人員的敬業精神，到廚師們精湛刀工手藝的展現，在在說明和食在歐美各大城已佔了一個重要的地

位。

　還有一點值得一提的是，有一些日本餐廳內的音響設備，完全揚棄傳統的日本音樂，代之而起的是 e 世代最愛的流行音樂，每一個音符，都會重擊著每一個食客的心脈，這種音響，最能吸引年輕一代的雅皮顧客。這類改變，可以說是因地制宜最好方式，也可以說是另類的「東西相會」。

　目前，日本料理已是全球料理的一環，因此，在本節結束前，特別介紹一些日本菜單上常見的日本菜名稱，做為日後點菜的參考。

日本菜單上常見菜名：

Chawan-Mushi：煮或烤的美味點心（Savory Custard）

Dashi：清湯加乾松魚片和海草

Hamachi：黃尾魚、鯽魚的一種（Yellowtail）

Maguro：鮪魚

Mirugui：巨蛤（Giant Clam）

Miso：味噌湯

Momiji：日本楓葉，可以吃

Omakase：主廚調配的多樣化主菜

Ponzu：作料汁，給食物沾用。用檸檬汁或醋、醬油、
　　　　清酒、乾海草和乾松魚混合調理而成

Takaki：燒烤辣醬，通常用於烤鮪魚和牛肉

Tobiko：飛魚子（Flying-Fish Roe）

Toro：鮪魚肚。Chu-Toro 肥油較少，O-Toro 肥油較多

Uni：海膽（Sea Urchin）

Wasabi：日本芥末、青綠色

Yuba：豆腐皮

Yuzu：柑橘類水果（Citrus Fruit）

第十二章
東南亞的回教飲食文化

　　在東南亞諸國中，馬來西亞和印尼因深受回教文化的影響，他們在飲食方面，自不能例外。由於回教清規的嚴格規定，馬來人和印尼人都是不喝酒的，舉凡國宴到私人的集會場合，根本沒有含有酒精成分的飲料，因此，從飲食的方面而言，均以熱帶果實所製成的新鮮飲料為主，有新鮮現榨的如椰子汁、百香果汁、檸檬汁和柳橙子汁等等，但隨著速成飲料的引進，人工甘味的泡沫汽水，幾乎取代了天然果汁。在一般的社交場合中，新鮮果汁已成稀有的飲料，化學製的甘味果汁，正式成為宴會中的飲料主流。宴會如此，一般家庭就不用提了。在過去半世紀來，馬來人和印尼人，都容易患上糖尿病，這和大量的化學汽水有直接的關係。帶有大量醣份的碳水化合飲料取代了自然的白開水，因此，在馬、印兩國中，糖尿病引起的其他諸多相關疾病，成為回教

世界之瘤，馬、印兩國人民自不能例外。

　　回教人的飲食文化非常簡單。通常是以魚、蝦、牛肉、羊肉、雞肉及蔬菜為主，煮法也不講究。烤燒變成主流。但是，回教人非常注重作料，辣和酸是主要調味品。馬來人和印尼人吃辣的主要原因，不外是去濕熱和著重調味以彌補煮法過簡的不足。很多印、馬式的正式邀宴，常以自助餐的方式居多。這說明馬、印兩國的飲食文化一直是局限在宗教傳統的格局裡，沒有辦法超越或突破。

砂勞越的古晉河以山果魚聞名，圖中建築原為英殖民時代總督府，現為砂州首府。

第一節
沙嗲文化

　　雖然馬、印兩國飲食文化不能跳出宗教的格局，但在街坊的飲食方面，卻有其獨特的一面，那就是有名的「沙嗲文化」（Satay Culture）。吃沙嗲的時候，要坐矮木椅而且不能距離烤沙嗲的火爐過遠，這樣吃起來才過癮。因為烤爐傳過來的陣陣香味，會讓人食慾大增。香噴噴的烤肉抹上辛辣的沙嗲醬，可以說是一種刺激味蕾的享受。

　　沙嗲醬的主要材料是磨碎的花生，加上椰汁、糖和辣椒油，因為花生是經過炒熟才磨碎，因而會發出一種花生香味，再加上椰汁香，令沙嗲醬產生一種獨特的「南洋風味」。沙嗲烤肉有雞肉、牛肉和羊肉。這些肉都切成小塊，然後用細竹枝串起來，放在炭爐上烤。烤沙嗲需要仔細看火，因為用竹枝串起，烤時要特別小心，一不小心，竹枝就會被燒斷。不要以為烤沙嗲只屬路邊攤，其實，它也是國宴級的「大菜」，尤其是在馬來西亞，在國宴場合裡，它常扮演調和口味的角色。因為它可以當頭盤菜，也可以作為主菜，甚至有時可以列為點心。在國宴時的沙嗲，串肉燒烤就不是用竹枝了，它由講究的金屬烤肉叉取代（Skewer）。配合沙嗲的主

要飲料是以新鮮果汁為主，不過，街坊沙嗲的飲料就是
冰凍的化學製汽水了！

蘭卡威熱帶雨林內的達太山莊別墅

第二節
華巫飲食的結合：娘惹文化

　　早在鄭和下西洋（即南洋）時，留在南洋的華人以及後續不斷來自中國的移民，慢慢地和當地的土著，也就是俗稱的巫人（即馬來人）通婚。於是，兩性共治的廚房造就了日後的娘惹飲食文化，它可以說是世界上最早的外來與本土結合的一種飲食方式。這種方式不但不會相互排斥，而且因為飲食同桌，造成了家庭和睦相處的氣氛，久而久之，種族的隔閡消弭於無形。雖然當時還沒有出現「飲食融合」這個字，但從代代相傳下來的飲食習慣來看，娘惹菜是融合菜餚的先驅，應不為過。

　　娘惹菜的最大特色是大量採用椰油以取其香，無論是海鮮和肉類在下鍋之前，都要用椰油、椰汁浸泡，然後再看烹調方式而決定配料。在馬來半島的馬六甲州，應是娘惹菜的發源地，因它和中國發生關係始於西元 1405 年鄭和率領艦隊在馬六甲登陸，啟開了華巫飲食文化之窗。

　　馬六甲的娘惹菜自成一格，主要特色是用鍋煮而不是炒。鍋煮的娘惹菜分三類：海鮮、肉類和蔬菜。馬來人吃的魚多屬肉多刺少的海魚，因而下鍋前先把刺取掉，通常一鍋海鮮要用上半天的時間微炆，慢工出細

活,非常入味;煮肉也是一樣。娘惹蔬菜同樣採用慢火,蔬菜種類至少有三種以上,除了椰油之外,還加咖哩,味道鮮美。炸小魚乾花生米是娘惹菜的主要配料。另外一種副菜稱之為炸肉魚,魚身不大,但肉多刺少,炸成焦黃色之後特別開胃爽口。娘惹白米飯也特別香,主要原因是加了椰油。娘惹菜的甜點多以糯米製作的甜糕居多,顏色十分鮮艷,但也超甜。這也是造成馬來人多罹患糖尿病的主要原因。娘惹飲料多以萊姆新鮮榨成的果汁為主,汽水也是代替品。如果是開設在華人區的娘惹餐廳,可以買到啤酒,娘惹菜配啤酒,可以說是一種飲食享受。

　　從娘惹飲食文化的起源到發展,在在印證了一件不變的事實──飲食文化是促進種族和諧的最好方式。

第三節
回教飲食文化中的一顆華食明珠：
新加坡

　　新加坡和馬來西都是前英國的殖民地，隨後一同加入馬來西亞而後又分開。新加坡自 1965 年脫離馬來西亞獨立為新加坡共和國之後，它就好像是一顆自立於馬來半島頂尖的明珠。在飲食文化方面，新加坡自成一格，它雖然沒有飲食文化的歷史資源，但是它創造了不少新資源，而且引以為傲。

　　新加坡人口約三百萬人，其中三分之二是華人，因此，華人保留著他們固有的飲食習慣，即使是在馬來西亞聯邦短短歲月間，華人飲食文化仍然是新加坡的主流。華人，只是中國移民的統稱，但談到飲食習慣方面，來自不同省份的中國移民，仍然保留著他們源自祖先的吃法，譬如說，新加坡有福建菜、客家菜、潮州菜和廣東菜四大系統，他們的顧客，也都屬同源的後裔為多。

　　新加坡在獨立之後，即面臨著經濟發展的壓力，新加坡政府的政策是先吃飽再說，於是，飲食的發展，也就沒有揮灑的空間。不過，在先吃飽再說的環境下，新加坡的飲食界卻創造出幾樣特殊口味的飲食料理，時至今日，它們卻成為飲食發展的見證人。

肉骨茶

　　首先要談的是新加坡的肉骨茶，它是華族傳統「名菜」。遠在新加坡還是殖民地時代，華族人士一早就要去打工，早餐對他們來說非常重要。於是，肉骨茶也就流行起來。肉骨茶的煮法是，一塊塊大排骨和中藥材一起煮，而且至少要用微火燉上四小時，換言之，一鍋肉骨茶要從子夜開始煮，到了清晨即可上市。吃肉骨茶都是在清晨六點左右，一碗肉骨茶加一大碗飯，就可以維持一個早上的精力。時至今日，去打工的人還是習慣吃一碗肉骨茶。

海南雞飯

　　其次要介紹的是，新加坡的海南雞飯。它是不是源自中國大陸的海南島已不可考，但海南雞飯在新加坡卻和肉骨茶齊名，也是華族傳統「美食」。海南雞飯的煮法有其秘方，如果是不得其法，飯不但沒有香噴噴的味道，而且雞肉也非常的硬。新加坡有一家具有五十年歷史的海南雞飯店，因為有傳統煮法秘方，飯不但香，雞肉鮮嫩，而著料也非常特別。可以說是國寶級的老字號，可惜的是，這家名叫瑞記的海南雞飯店傳到第三代時，因為第四代無意願接棒，「瑞記」也走入歷史。後繼無人可以說是海外華人飲食文化的共同隱憂。

長茶

再次要介紹的是新加坡的「長茶」（Stretched Tea）。所謂「長茶」，是把泡好的紅茶加上牛奶，然後由茶師傅把奶茶倒進罐子裡，一隻手拿著乘滿奶茶的罐子，然後再倒進另一隻手拿的空杯子裡，兩手距離約在一公尺之間，如此來回七次，在來回倒的過程中，奶茶絕不能外溢。由於來回倒的距離平均保持在一公尺之間，「長茶」之名因而得來。「長茶」的師傅也日漸凋零。目前只能在傳統市場內的飲食店可以看到「長茶」表演。「長茶」文化的沒落，也可以說是一種傳統藝術的失傳，至為可惜。

「新加坡司令」雞尾酒

最後要介紹的是「新加坡司令」雞尾酒（Singapore Sling Cocktail）。新加坡司令源自於新加坡最有歷史的名飯店：萊佛士大飯店（Raffle's Hotel）的酒吧。相傳是二次大戰前英國海軍軍官在萊佛士酒吧間喝酒，彼此交換調雞尾酒經驗，最後他們發現**用琴酒加糖粉及蘇打水混合的飲料再加上檸檬**最好喝，於是，他們為這種混合的酒取名為「新加坡司令」雞尾酒，並把專利送給萊佛士大飯店的酒吧！隨著海軍們的口傳，「新加坡司令」最後變成新加坡的國寶級飲料。時至今日，萊佛士大飯店每隔兩年還舉辦一次「新加坡司令」雞尾酒調配

大賽。除了推廣宣傳之外,主要目的還是培養調酒人
才,以備不時之需。

法國波都紅酒區的每一個酒堡的建築都具有特性,
CHATEAU LA TOUR-de-BY 就是一例。

第四節
觀光，衝破了傳統飲食文化的藩籬

　　新加坡從 1972 年開始發展觀光，其中最重要的一環是，要從飲食方面著手。因為美酒加美食，才能賺到觀光金圓。突破飲食文化的藩籬才能夠容納外來不同飲食文化背景的觀光客。

　　當上個世紀八○年代中葉，英國政府和大陸政府達成香港在 1997 年回歸中國的協議後，新加坡就開始向香港的飲食界招手，運用移民的策略，招攬香港有名的廚藝人員，而且條件優厚，讓很多對香港前途不抱樂觀的華人廚藝名師移居新加坡，為華人的飲食開闢一條新路。於是，從上個世紀的九○年代初葉，新加坡大飯店內的中國菜有了顯著的進步。新加坡觀光業者都深信，有朝一日，新加坡的華人美食，可以凌駕香港之上。

　　新加坡為了配合觀光，除了改善華人傳統飲食文化外，對於引進西洋的飲食技藝也不遺餘力。其中最有成就的是，舉辦世界名廚高峰會。（Master Chef Summit）邀請世界頂級廚藝高手來新加坡表演法國菜、義大利菜和西班牙菜的做法，透過媒體的介紹，傳到新加坡每一個家庭。世界名廚高峰會在 1996 舉辦首屆，至 2006 年已有十年之久，回顧過去十年，新加坡人在吃的

194

方面已經有了很大的改善，而且對飲食的選擇，也有了宏寬的視野。以往偏執的吃喝習性，改善不少。

此外，由全球名廚開班授課，讓一般人學得大師手藝；設立獎學金提拔有潛力的年輕廚師，免費送往海外學習廚藝，確保新加坡美食界新血不斷，都是對擴張飲食文化的知性與深度的設計。

和新加坡為鄰的馬來西亞和印尼，是兩個有豐厚觀光資源的超級觀光大國，但是，他們有著深厚的回教文化背景，在飲食方面不能跳脫固有的框框。隨著地球村日漸形成，觀光客到印、馬兩國觀光急速增加，它們看到新加坡在推展飲食方面的靈活手腕，因而也學到其中的技巧，最先在觀光大飯店推出多元美食，葡萄酒和烈酒，也可以在觀光大飯店內的餐廳和酒吧出售，封閉的回教飲食文化的框框也因觀光而打開。

從長遠的飲食文化發展來看，框框的飲食文化終究會被打破。

清邁的佛寺——泰王避暑必到之地

第十三章
自成一格的泰國飲食文化

　　在東南亞諸國中，泰國的飲食文化自成一格。泰國人講究飲食器皿，頂級的器皿是用金屬打造，配上精緻的骨瓷盤碗，吃喝起來，可以說是一種享受。泰國人奉佛祖為神明，佛教對泰國的文化，特別是飲食文化，有著深遠的影響。其中最重要的，也是簡單易明的是，泰國人在用餐時，只用湯匙和叉子，來做為他們的飲食餐具。另外值得一提的餐飲禮節是，左手用叉，右手用湯匙。湯匙除了喝湯之外，也是用來盛飯和吃菜用的，其作用有如筷子。因為佛祖視刀為兵凶之器，絕對不可以帶上餐桌。泰國人認為飲食是一種和睦融洽的聚會，公開場合如此，家庭更不能例外。

　　泰國人對吃的方式非常講究，舉凡刀工到主副菜的配料，再從餐具的擺設到桌椅的材料，均是精緻的安排。泰國人稱「泰國食物是一種藝術」，絕無誇大之

處。

　在東南亞諸國中，泰國可以說是天府中的天府之國。物產豐富不說，人民安居樂業才是最重要。因此，泰國人可在悠閒的環境中，利用各種不同的農、漁、牧產品，才研發適合國情的「泰國飲食」，因此，泰國菜也是以質量和多元性變化而有名。

　由於泰國屬濕熱型的熱帶氣候，因而泰人在吃的時候，多用辣椒以去濕。為了要調和辛辣的味道，酸和甜的作料也用得非常之多，因此，酸辣變成泰國菜的特色。到泰國餐館吃飯點菜，先要看看菜單上每一道菜之前，有沒有紅辣椒的標誌，紅辣椒標誌愈多，表示這道菜愈辣。這種標誌是給外國遊客們的一種參考提示，對泰國人而言，其實不具任何意義，泰國人是從小吃辣長大的。氣候和土壤影響著一國的飲食文化這種說法，從泰國菜中可以獲得證明。

　在泰國，不論大吃或小酌，經常可以看到餐桌上出現水果或蔬菜的雕塑，由於刀工精細，栩栩如生。這是一種自然的調和美，在東南亞其他國家內是看不到的。泰國人用的雕塑材料包括：木瓜、大黃瓜、蘿蔔、大白蘿蔔、胡蘿蔔、南瓜、泰國南瓜和甜菜等。如果是正式晚宴，一盤大型的水果蔬菜雕刻，早已吸引全場的關注眼神了。

第一節
泰國料理的種類

泰國料理自成一格,但它受到不同層面的影響,其所表現出來的飲食內容,自然也就各具特色。它們的展現就和餐具一樣,融洽而不排斥。泰國料理在這種特殊情況下,可分三種:

一、宮廷學院料理

泰國的宮廷美食,顧名思義,只可以在宮廷內享受到。它是以精緻的烹調和藝術的裝飾為主,可以說是泰國烹調藝術的主流。泰國宮廷美食能夠傳承下來的最主要兩個因素是:

㈠泰國宮廷一脈相傳,穩定的宮廷政治,讓傳統的美食不會因朝代的變遷而有所變化。

㈡設立在泰國首府曼谷的烹調學院(Thai Cooking School),是培養一級廚師的搖籃。不少在宮廷擔任過主廚的人,在退休之後都會前往烹調學院任教,扮演薪火相傳的角色。宮廷美食文化代代相傳,從而也帶動了泰國學院派廚藝傳到民間。

這一層次的美食，除了表現出和諧藝術之外，也是一種高級享受。

二、區域性的特別料理

泰國是一個天府之國，有用之不盡的天然美食資源，而且泰國面積龐大；因此，不同地區的居民養成自己喜好的口味，區域的特色無形中也就表露出來。

譬如說，泰北人和泰南人的習慣就不相同。在泰國北方，所有吃的菜都用一個個小碗裝好，然後擺在一個圓形的茶几上，大家圍著坐，每一個人都有一盤糯米飯做為主食，菜餚內容十分豐富，搭配糯米飯特別可口。泰北菜非常辛辣，即使是從泰國南部來的泰國人，也有點受不了，非要喝當地釀造的冷啤酒以解辣味。

三、街攤小吃料理

泰國最有料的美食，往往可以在小吃攤上找到。這些小吃攤都是機動性的，主要原因是每晚打烊之後把小吃攤推回家清洗，第二天早上再推出來做生意，小吃攤沒有衛生問題。

每個小吃攤都有桌椅，常常可以發現開賓士車的老

闊級人物，把賓士車停在路旁，坐下來和普羅大眾一起吃街邊美食。不同階層的泰國人都有一個共同特點，就是都會去吃物美價廉的街邊美食。

　　泰國人喜歡吃，泰國不但是天府之國，也是魚米之鄉，再加上泰國廚藝有其特色，因而使得自成一格的泰國美食登上世界舞台。

曼谷市內水上市場，觀光客必到之處。

第二節
泰國人喝的習慣

對喝的文化而言，泰國沒有甚麼可供學習、參考的地方，它遠不如吃的文化多。一般而言，泰國人吃的時候不是佐以新鮮的水果飲料，就是用茶取代。越戰卻改變了泰國人傳統喝的習慣。越戰期間，泰國大城成了美國駐越大軍的休假中心，其中以曼谷最受美國大兵歡迎，於是，「酒吧文化」和「可樂文化」在泰國倡行起來。前者是含有酒精成分的飲料，從不同品牌的威士忌到林林總總的雞尾酒；後者則是以可樂及其相關的碳水化合物氣泡飲料，其中以後者對泰國人日後的健康影響尤大。

越戰結束後，泰國進入了空前的繁榮時期，暢行歐洲的葡萄酒也開始上到了泰國餐桌。法國葡萄酒最先引入泰國市場，隨後而來的則是澳大利亞葡萄酒。再者，泰皇蒲美蓬心臟開刀後，御醫建議每天喝兩杯紅葡萄酒有助心臟健康的新聞曝光後，泰人喝葡萄酒蔚為時尚。葡萄酒為泰國飲食文化注入了新元素。

在泰國北部，泰國人也開始種葡萄釀酒。1991 年，泰國有心人就在泰寮交界的魯伊（Loei）小鎮種葡萄，還特別請來法國釀酒名師彼得・勃佛斯（Peter Burfors）主持園務。在勃佛斯細心栽培下，1995 年有了收穫，而泰國土產的紅、白葡萄酒也以魯伊酒莊為名（Chateau de Loei）。到了 2001 年，魯伊酒莊的紅、白葡萄酒正式在泰國上市，廣受好評。

魯伊酒莊紅、白葡萄酒的標籤非常特別。上面印了一隻大公雞，背景是葡萄園莊。標籤的中下段分別印有葡萄年份、酒莊名字和其他相關資料。最下一行印著泰國人引以為傲的「泰國出產」字樣。

由於泰國人吃得比較辛辣，園主勃佛斯特別挑選兩種葡萄——Chenin Blanc 白葡萄和 Syrah 紅葡萄釀酒，配合泰國人吃的習慣。其中尤以 Chenin Blanc 白葡萄酒最合泰國人胃口。

自從泰國人習慣喝葡萄酒後，世界各大葡萄酒出產國的酒商，紛紛到泰國推銷。不過，由於葡萄酒價格和課徵的酒稅日益高漲，不是所有泰國人都能負擔得起。加上金融風暴過後的泰國人的元氣還沒有完全恢復，外來葡萄酒在泰國市場也因而滯銷，想喝葡萄酒的泰國人只好望酒興嘆了！

所幸的是，從廿一世紀初開始，魯伊酒莊國產葡萄酒已小有名氣，且價格低廉，適合喜歡喝葡萄酒的普羅大眾胃口。相信在不久的將來，魯伊酒莊的彩色大公雞就會變成廣受歡迎的大商標。從那時開始，泰國飲食文化又將邁向一個新紀元。

第十四章
印度中產階級興起給古老傳統飲食文化帶來的衝擊

　　印度是一個歷史文化大國，同時，她也是一個奉行階級制度的大國。階級的劃分，也讓飲食文化受到重重限制，不同階級的人不能通婚，飲食也是不一樣。這種封閉的飲食習慣到了上個世紀九〇年代，因為中產階級的興起，而徹底改變。四十歲以上那一代印度的家庭婦女，不論是任何階級，只能在家裡做家務而不能外出工作，家居主要工作之一，自然是準備家庭的一日三餐；可是，四十歲以下這一代的印度人，因為經濟起飛，印度婦女也改變了「守家」的古老習慣而外出工作。夫妻一同出外工作的情況，已從主要大城擴到次要大城。依據印度國家統計局的資料顯示，到了本世紀的二〇年代，也就是 2020 年，因為教育普及，水準跟著提昇，再加上經濟起飛，婦女也將全部投入生產行列，這種現象，勢將從各大城擴張到農村小鎮。可以預見的是，印度也會變成一個速食文化的社會。

第一節
超級市場文化的形成

自上個世紀八〇年代開始,印度開放了對外貿易的大門,好幾百萬以上的印度人發現,他們是實質的受惠者,因為外商公司用高薪聘請當地人士,讓他們形成一股新興的中產階級勢力,而這股不可遏阻的新興勢力,也把牢不可破的階級觀念的思維攻破。新興勢力的特色是:收入增加,能夠自己支配的時間增加,以及因工作環境而受外來的影響。這三種特色對他們傳統的吃法起了革命性的變化。

中產階級人口增加,外來的百貨公司和超級市場如雨後春筍般紛紛出現,印度人老舊的採買習慣也隨著改變。因為時間有限,中產階級也走向一個星期採購一次的西方採購路線。為印度超級市場做調查的Euromonitor公司指出,自 1998 年以來,超級市場的售貨量超過百分之七十。換而言之,超級市場文化業已形成。

Euromonitor 公司指出,他們在問卷調查中發現,受訪者都有一個「時間即金錢」的共同觀念。受訪者說:「不錯,超級市場的物品售價較貴,但卻省了我們不少時間。」受訪者舉例說,像超級市場出售的雞肉,已是現成切好,不需要買回去再清理,同樣的是,清理

過後的蔬菜買回去立刻可調拌上鍋熱炒，或者做成沙拉，端出來即可食用。的確，當所有料理都在處理過之後再帶回家烹調，晚餐桌上的菜餚，看起來也和往常不一樣。

四十歲以上那一代的印度人，都崇奉著節省的守則，很少出外吃飯；但新一代的中產階級卻有不同的想法，他們的觀念是消費。他們認為出外吃飯是一種娛樂，是一種享受。當這兩種想法反應到市場上的時候，外來的飲食也就紛紛出現。現在印度大城如孟買、班格洛（Bangalore）、加爾各答、新德里等地，都可以隨時看到韓國、印尼、義大利、法國和中國餐館，甚至黎巴嫩餐館。這說明了一個開放的自由貿易社會，不但改變它對世界的看法，連最基本的飲食習慣，也跟著改變。

由於中產階級透過到國外商務旅遊和接觸，以及網路和電視進入家庭，再加上餐館變成工商貿易談判或交易的場所；於是，西方的葡萄酒、烈酒和雞尾酒也成為交易時的觸媒或者是「必要的罪惡」。

新中產階級的人口不斷在增加中，以 2004 年一年估計，中產階級人口數量是印度全國人口總數量的四分之一，換而言之，大約有超過一億的印度人是過著中產階級的生活。這種增加的趨勢不會緩慢，只會加速進行，它對印度人的飲食習慣有著一定的影響力。目前在北印度一些高冷山區，印度人也試著種葡萄和釀酒，以印度人的食物和山區的土壤氣候，相信日後的自釀白葡

萄酒一定會有好的國內市場。說也奇怪,印度人傳統的飲茶禮儀,逐漸式微。有名的阿薩姆印度茶葉,外銷比內銷多。傳統喝茶的好習慣,也在人工甘味的泡沫飲料前消失。

　　印度有名的飲食評論家瑞西米‧烏迪辛(Rashmi Uday Singh)2005 年 9 月 25 日在《孟買飲食評論》(*The Food and Drink Critic*)中有這麼一段話:「從廿三年前我開始寫飲食評論到現在為止,印度人的味蕾有了極大的改變;以前,印度人從來沒有聽過『壽司』這個名詞,現在它卻和印度菜擺在一起,供顧客選擇;餐桌酒和雞尾酒不再是新名詞」。

第二節
廿一世紀印度飲食文化的展望

　　從上個世紀八〇年代開始，外商公司紛紛進駐印度，為印度製造了一群廣大的中產階級。中產階級不但拆散了封建的階級飲食的藩籬，而且也改變了印度人的消費觀念，後者對印度社會的影響，尤大於前者。因為整個印度社會在改變中，新一代的印度人對自己特別有自信，視野更開闊。他們都在講求從實驗中追求自我，婚前的性經驗已經不是「禁忌」。於是，一連串的變革，也讓飲食也起了革命性的變化。其中最顯著的是，飲料店可以公開出售含有酒精成分的偽裝飲料（Mocktail）。

　　飯店的裝潢也隨著顧客們的需要而改變。餐桌用具日新月異，傳統的幽暗燈光，也被新款的燈飾和創意透明設備所取代。大約在七〇年代時，即使是有錢一代的年輕人偶爾出外應酬，他們家的父母或長者都會皺著眉頭問，為何要花錢到外面吃飯而不留在家裡吃現成不需要花錢的食物？九〇年代以後，節省的觀念已被消費觀念所取代。老一輩的印度人是有五塊錢時，只花一塊錢；新一代的印度人是，有一塊錢卻要花五塊錢。從事飲食業的人認為，消費是推展飲食文化的最大動力。它

不但給飲食文化注下活水，從而也讓它的週邊事業蓬勃起來。

廿一世紀印度飲食文化的另外一個展望是廚藝有成的師傅們紛紛回國開餐廳，因為中產階級把階級藩籬打散，創意也會隨著而來。在一個階級封建的社會裡，廚藝不可能有發展的空間，更不用談創意了。很多在海外廚藝有成的印度廚師，他們憑著個人的智慧，在沒有設限的情況下，發揮出創意的潛能，因此，在倫敦、巴黎、紐約，以及亞洲各大城，都有出色的印度餐館，而這些講究刀功藝術和精緻調味的餐館，卻很難在印度找到。說穿了，封建的社會制度藩籬，鎖住了每一個人的創意神經，沒有足夠的鼓勵，自然找不到有創意的人。「要你做甚麼就做甚麼」的老式教條，抹殺了創意的因子。

從九〇年代以後，由於印度的經濟發展，帶動了飲食業走向繁榮之途，於是，旅居在海外的印度廚藝高手也紛紛回國。他們最先受聘於印度大城如新德里、加爾各答、孟買和班格洛等大城的五星級旅館，隨著消費觀念的改變，五星級旅館內的餐廳，開始容納不下新一代的消費族群。在旅館內服務的頂級廚師看到了這一道不可阻遏的消費洪流，也就紛紛出來開設餐館，以迎合講究吃的一代。

頂級廚師出來開餐館給印度的飲食文化帶來新一波

的衝擊。這些受過「西方洗禮」的大師級人物,他們最重視的莫過於「創意」和「溝通」。沒有「創意」,展現不出脫離框架的企圖心;沒有「溝通」,有如在象牙塔內摸索,永遠感受不到給與授之間的良好互動關係。

當然,羅馬不是一天造成的。要想改變一個從封建制度培育出來的飲食文化,絕非一朝一夕,也不是先靠中產階級的消費動能,就可以提昇飲食的層次。最重要的是,要和法國跟義大利一樣,消費者能到外面去吃到的美食,能喝到的美酒,也同樣可以在家裡享受到,那麼,廿一世紀的印度飲食文化就可以大放異彩了!

令人感到鼓舞的是,印度的飲食界正朝這條道路上走,而新興的中產階級就是最得力的後盾。改革衝擊的過後,就是等著收成的日子。

澳洲塔斯曼尼亞島

第十五章
澳洲，吃喝的天堂
葡萄酒、新鮮海產、肉類及蔬果

　　從飲食的角度來看，澳洲可以說是一個「天府之國」。因為她有幅員廣大的葡萄園及其耕種地，每一個州都釀造出特級種類的葡萄酒，且各具特性。澳洲的農產品、畜牧產品及海鮮，都屬取之不盡的資源。不過，若從飲食文化的角度來看，她不是一個具有優良傳統飲食文化的大國，立國只有兩百年，在此之前，只是英國囚犯的放逐地。

　　1956 年，奧林匹克運動會首次在南半球的澳洲大城墨爾本舉行。奧運會結束後，舉辦成果的問卷調查中，有一欄明白指出，食物不佳，不能讓參訪者在觀賽之餘，盡情享受美食。可是，從廿世紀八〇年代開始，澳洲正式在世界飲食舞台上，扮演獨當一面的角色。當 2000 年奧運在雪梨舉辦時，澳洲的飲食已是一顆閃耀的新星。她的成功因素，除了當時的工黨政府透過民間的飲食業者改良飲食業之外，還更要從了解澳洲的葡萄酒開始講起。

第一節
澳洲有名的葡萄酒區

　　澳洲是世界最大的島，也是最小的大陸。澳洲的中原並不是文化的起源地或聚集地，只是一片毫無耕種價值的荒蕪沙漠之地。有水資源的可耕地分布在整個大陸的海岸沿線，葡萄園自然也集中在這些地方。澳洲的東南部和西南部，則是優質葡萄園的所在地。每一個葡萄園都和河谷有關，也以河谷為命名。

一、獵人河谷（The Hunter Valley）

　　位在澳洲新南威爾斯省的獵人河谷是一條盛產葡萄酒的「葡萄酒走廊」（The Wine Corridor），它起自新南威爾斯省的布蘭斯克頓城（Branxton）而止於朴庫爾賓城（Pokolbin）。這條只有三十公里長的「走廊」兩旁，放眼望去，一片無際的葡萄蔓及各具特色的酒廠穿插其間，煞是好看。若逢葡萄成熟的季節駕車而過，葡萄的芬芳，薰人欲醉。春秋兩季開車沿著「葡萄酒走廊」欣賞盛開的花或滿遍的綠葉，的確是一種享受。

　　葡萄酒走廊雖然只有三十公里長，但知名酒廠林

立，有一些面積較大而有名的酒廠，都設有汽車旅館和餐廳，由法籍主廚掌廚，美酒配佳餚，的確是飲食文化上的一種享受。酒廠設立汽車旅館的主因是，希望顧客在考量品嚐美食、美酒之餘，不要再開車趕路，在附設旅館內好好休息一晚，第二天再去拜訪下一個酒廠。

獵人河谷內的酒廠，每年三月（南半球的秋天）都會舉辦酒展。這是一個大日子，不論是國際知名的品酒家、國際和國內名葡萄酒商以及一般酒客和遊客，都會前往朴庫爾賓城「朝聖」。一方面品酒，一方面聽聽國際、國內酒評家對當年葡萄酒的評價，同時也可以從他們的評論中，得到不少寶貴的經驗。新南威爾斯人對葡萄酒的認知，多從每年一度的評酒會中得到，對提昇澳洲人喝葡萄酒的水平，有一定的貢獻。在聆聽名評酒家講評之餘，也可以順著他們的指引，買幾瓶價廉品質又高的好酒回家收藏。

獵人河谷的葡萄酒以紅酒較受歡迎，主要原因是氣候和土壤決定了葡萄酒的特性。獵人河谷可以說是澳洲葡萄酒展示的櫥窗，因為它和澳洲第一大城——雪梨——相距不遠，地利加上人和，讓它成為澳洲第一個代表新世界向老世界挑戰的頂點。

> 酒展所列出來的展覽酒，都是以象徵性的價格出售。酒廠是以打國際知名度為主，價格不在考慮之列

二、雅拉河谷（Yarra Valley）

雅拉河谷位在澳洲維多利亞省內（The State of Victoria）。它是澳洲第二小省，面積僅次於塔斯馬尼亞省（The State of Tasmania），但是雅拉河谷的葡萄酒，卻榮獲「一顆閃爍明亮的鑽石」的雅號。雅拉河谷的葡萄酒就好像鑽石一樣，價格高，產量不多。

雅拉河谷因地形的關係，它面對南極，一年四季的氣候，都受到南極影響。特別是敏感度高和易受傷害的葡萄蔓，春秋兩季的氣候對它們而言，顯得特別重要。春天是葡萄蔓開花時節，秋季則是葡萄收成季節。若是氣候不正常，對這一年的影響尤大。維多利亞省氣候的善變是有名的。春寒持久，會影響葡萄蔓開花，若秋露早到，影響收成尤甚。因此，維多利亞省的葡萄酒只能在氣候正常下才會有好收成，才會釀出好酒，但機會不多。因此，用閃亮的鑽石來形容雅拉河谷的葡萄酒，一點也不為過。

庫納窩拉區延至南澳省邊界，有人也以庫納窩拉葡萄酒為南澳省產品

雅拉河不長，由維多利亞省山區發源，經墨爾本市而出海。其流經內陸的灌溉丘陵地，成為種植葡萄釀酒的最佳選擇。在

維多利亞省的葡萄酒，要以庫納窩拉區（Coonawarra）最為有名。它是澳洲葡萄酒最具有歷史性的產區，以「風格」和「芳香」兩大特色而有名。

三、巴魯薩河谷（Barossa Valley）

巴魯薩河谷位在南澳省之內，它是澳洲葡萄酒的聖地麥加，因為凡是對葡萄酒有興趣的人，每年至少要去巴魯薩河谷「膜拜」一次。

巴魯薩河谷距離南澳省首府阿德雷德城（Adelaide）之北，只需沿二十號公路往北開約兩小時，即可進入巴魯薩河谷內的葡萄園區。首先到巴魯薩河谷開墾的歐洲人是德國路德教派的移民。他們定居在巴魯薩河谷之後，立即發現當地土壤和德國萊茵河流域種植的蕾斯玲葡萄（Rhine Riesling）的土壤相近，而氣候也相同。（註：均在同一緯度內）於是，移民把德國蕾斯玲葡萄種子移到南澳種植。他們事前也不會想到，蕾斯玲白葡萄酒會在南半球風行起來，且獨領風騷，歷久不衰！

最早移植蕾斯玲葡萄到南澳的德國人名叫塞普斯菲爾德（Sepplesfield），由於他釀造的白葡萄酒非常叫座，為了紀念和推銷，他的後人就把家族的名字命做酒廠的名字。塞普斯菲爾德的蕾斯玲白葡萄酒也因而風行起來。現在遊客只要到塞普斯菲爾德酒廠參觀，還可以看到一座十分醒目，用大理石砌成的墓園，而他本人，

則長眠其下。巴魯薩河谷名酒廠一共有二十九家，從白葡萄酒到紅葡萄酒，從氣泡酒到玫瑰露，幾乎無所不產，也無所不精。以「聖地」稱之，並不為過。

其中值得一提的是，巴魯薩河谷在每個單數年的三月，都會舉辦葡萄收成嘉年華慶祝節日，為期約一星期，很多酒廠都會不計成本，把極品的酒從地下酒窖中拿出來拍賣，價錢也不貴。運氣好的人，往往可以買到難得一見的好酒。嘉年會的主要目的是，透過展覽讓訪客在參觀的過程中，提昇本身對葡萄酒的認知，它和新南威爾斯省獵人河谷每年三月舉辦的酒展，有異曲同工之妙。

四、西澳省（The State of Western Australia）

西澳省有兩條河谷，一條名叫天鵝河谷（The Swan River Valley），一條叫瑪格麗特河谷（Margaret River Valley），都是以盛產葡萄酒而有名。不過，前者歷史悠久，且具濃厚的觀光景色，後者是一個新開發的葡萄園區。

1. 天鵝河谷

在澳洲眾多出產葡萄酒的河谷中，要以天鵝河谷最讓人沉醉。它不但出產美酒可供品嚐，而且還有可愛的

天鵝在河中戲水，偶爾還會神乎奇技般的表演水中芭蕾；有獨自表演，有時會有群舞，其中最妙的是，兩隻異性天鵝共舞，簡直是把柴可夫斯基的天鵝湖芭蕾舞舞活了。天鵝表演的場地就是在垂柳的河面上，自然美加上鵝的裝扮，在世界上其他地方是欣賞不到的。

> 筆者曾在荷蘭和布拉格看過天鵝戲水如類似芭蕾舞姿的演出，但是缺少了拂水揚柳的細枝和飄浮在水面上的柳絮，意境就差了許多。

　　到天鵝河谷參觀只需一天的遊程即可。一大早在西澳首府伯斯城（Perth）搭乘「品酒之旅」（Wine Cruise）的遊艇往內陸溯河而上，春天的時候，除了感人的拂水楊柳之外，岸上還有不少野花，配上柳絮，簡直美透了。船快駛到酒廠設的私人碼頭之前不久，遊船就會鳴笛，而碼頭也會敲鐘回應。船靠碼頭之後，酒廠的公關人員就會駕車前來接待。乘客們先搭乘開放式的遊覽車在葡萄園指定的觀光區內遊覽，接待人員則邊走邊介紹葡萄品種及該廠所釀造的美酒。隨後，參訪人員前往酒廠的貴賓室內，品嚐一瓶又一瓶的美酒，參訪時間約三個小時，結束後再搭乘原船開往下一個酒廠參觀。一般參觀行程是以三個酒廠為準。如果參訪者願意留下來住進酒廠開設的旅館也可以，等到第二天船到，再回返伯斯。有經驗的酒客，都不會在旅程中「開懷暢飲」，

放量的結果是帶著蹣跚的腳步走回遊覽車，而天鵝河谷之旅就失去原意了！

天鵝河谷以釀造澳洲的白酒而有名。其中以豪頓白布根地酒最有名，廣受澳洲品酒人士喜愛。

2.瑪格麗特河谷

瑪格麗特葡萄園區在天鵝河谷以南約兩百五十公里，原先是由兩姐妹經營，歷史不久，從八〇年代至今，也只不過二十餘年歷史。早年栽種卡伯尼特・蘇維翁葡萄和夏多利葡萄，前者釀紅葡萄酒，後者釀白葡萄酒，當名氣初成之後，又開始種植辛芬黛爾（Zinfandel）葡萄，釀造出和法國玫瑰露相似的粉紅色葡萄酒。辛芬黛爾是白葡萄，因為有淺紅的基因，可釀成淺紅色的白葡萄酒。因為它的顏色和少女羞澀時兩頰所透露的紅暈相似，也因此贏得了「少女的紅暈」（Young Girl's Blush）的雅號。

第二節
澳洲葡萄酒的總結

誠如上文所提，澳洲葡萄酒也有百年以上的歷史，為甚麼要等到上個世紀的八〇年代才能在國際葡萄酒市場上獲得「尊重」？查其主因，不外乎是：

第一：澳洲人天性保守而易於滿足。早期澳洲人釀造葡萄酒除了給自己喝之外，外銷的唯一市場就是它的母國──英國。英國人要求不多，且有鄰近的法國葡萄酒供應，澳洲酒商也就沒有進軍國際市場的大志。所以好的葡萄酒都被澳洲人喝完了！

第二：從上個世紀八〇年代初開始，亞太市場蓬勃興起，太平洋週邊盆地喝葡萄酒的人口顯著增加；另外，澳洲工黨在 1983 年取代保守的自由黨政府執政。一向注重亞太市場的工黨，立即採取積極的睦鄰政策，取消不得亞洲人緣的「白澳」移民政策，拓展鄰近市場，於是，澳洲的葡萄酒也銷到東南亞各國。由於市場需要，也刺激澳洲葡萄酒商，生產量隨著需求而增加。為了賺取外匯，澳洲酒商也把好酒外銷，也因而贏得「物美價廉」的信譽。

第三：澳洲葡萄農也配合酒商的需求，盡量改良品種，其中最引以自豪的是，夏多利、卡伯尼特·蘇維翁

和舒拉茲（Shiraz）三種世界名種葡萄，透過栽枝法，把它們培養成具有澳洲本土色彩的葡萄。國際名品酒家史都華‧華爾頓（Stuart Walton）在他那本《世界葡萄酒百科全書》（*The World Encyclopedia of Wine*）中說：「澳洲葡萄酒能在短短的時間內在世界上佔有一席重要之地，主要歸功於澳洲葡萄農突破法國葡萄農傳統培植葡萄方法的束縛，而發展出具有本國特色的美酒，直接提昇了它們在國際上的競爭力。」

HASLGROVE 葡萄園黃昏景色，有時比酒還要迷人

用酒廠的第一個字母做商標，也是澳洲 HASLGROVE 酒廠的新嘗試

第三節
澳洲美食文化的形成
（The Formation of The Culture of Australian Cuisine）

　　澳洲的美食餐館，約有百家以上，分布在澳洲各大城市；不過，嚴格來講，澳洲的美食能夠進入國際美食殿堂，也只不過是三十年前的事。

　　上個世紀八〇年代前，澳洲的餐館，即使是五星級的所能提供的菜餚，只不過是牛排，或者是混合燒烤的肉類或海鮮，再加上三道淡而無味的水煮蔬菜。不過，從八〇年代初葉開始，澳洲人出外旅遊不再限於他們的母國——英國。出外旅遊的人愈多，旅遊的地點愈廣，愈能增加他們的見識，因而也讓他們胃口大開，吃，不再限於少數幾樣刻板的菜餚。

　　工黨政府自八〇年代初葉上台，立即取消「白澳」移民政策，再加上 1997 年香港回歸的陰影，讓不少香港專業人士興起移民澳洲的念頭。在申請澳洲移民的核准與否的條件裡，專業移民可獲高分，特別是廚藝高手，都可優先獲准進入澳洲。於是，亞裔廚師在澳洲的飲食方面，扮演了新的角色。除此之外，義大利人、西班牙人、法國人、黎巴嫩人和其他中東和東歐的廚藝專

業移民也紛紛進入澳洲，也讓澳洲成為「百家競技」的
場地。1984 年，澳洲廚師在「奧林匹克廚藝比賽」
（1984 Culinary Olympics）中，囊括幾項大獎，澳洲的
美食自此進入「國際殿堂」。

　　誠如前文所言，澳洲是一個「天府之國」，從蔬菜
到水果、從魚蝦到貝殼類、從牛羊肉到家禽和野味、從
鮮奶到奶製品，在在說明了一個烹調定律：好的材料需
要好的烹調高手，才能展現出美食文化讓人享受和欣賞
的一面。

雪梨歌劇院

第四節
城市美食各具特色

　　以澳洲而言，因幅員廣大，各省的大城變成文萃集中地，優雅的餐館和美食，自不能例外。澳洲各大城市，因地制宜，都有它本身精彩美食特色展現的一面。

一、雪梨

　　雪梨的海鮮，讓人饞涎欲滴。其中以雪梨牡蠣（Rock Oysters）最吸引人。在雪梨港，有不少牡蠣酒吧（Oyster-Bar），專門賣新鮮牡蠣。牡蠣酒吧最大特色是，只有站立的位置，除了出售新鮮牡蠣之外，就是專門配牡蠣的白葡萄酒，老饕們站在吧檯前，一面吃牡蠣，一面喝白葡萄酒，一面透過落地窗欣賞雪梨港內的點點風帆，真是一種飲食加風光的享受。除了牡蠣之外，雪梨還有不少新鮮海鮮和上好品質的肉類，透過各國不同手藝的廚師所烹調出來的料理，讓世界各國旅遊人士和老饕級食客前來膜拜。

二、墨爾本

墨爾本的美食料理，以歐洲和亞洲兩大主流而有名。不過，從九〇年代開始，新一代的廚師，為了要洗刷 1956 年奧運會後留下沒有美食可欣賞的惡名，以及迎接 2000 雪梨奧運的來臨，他們憑自己的創意和經驗，開創了一條「調合美食」（The Fusion Food）的新路。換言之，就是混合料理，隨著自己的創意調配新款菜餚，讓墨爾本的廚藝跳出了保守的風格，且立刻獲得正面的回應。另外值得一提的是，墨爾本餐廳布置，都十分優雅，即使是一間只能自己帶酒的小餐廳，陳設都有一定的水準，表現出小而美精緻的一面。

三、布里斯班

布里斯班地屬熱帶型氣候，除了水果蔬菜具有熱帶型風味外，海鮮尤具特色，其中以珊瑚類型海鮮特多，因此在布里斯班料理的特色是，包羅萬象的海鮮自助餐最為叫好，它也為布里斯班打響了名號。

> 不要以為自助餐就沒有廚藝特色，高級自助餐的現場烹調料理，才是展現真功夫所在

四、阿德雷德

阿德雷德是南澳省的首府。它以 Whiting（鱈魚的一種）、Gemfish 和 Rock Lobsters（生長在海邊石頭縫間的龍蝦）最為吸引人。這三種海鮮配上蕾斯玲或夏多利白葡萄酒，可稱之為絕配。

五、伯斯

伯斯城的料理可以說是合乎國際水準。同樣的海鮮，只要是在法國人，義大利人、中國人、日本人、西班牙人及墨西哥人手中所烹調出來料理，各具本國特色。伯斯城吃的風格，自然和其他各城不一樣。

六、荷伯特

荷伯特是一個比英國更具英國風味的山城。它是澳洲外島塔斯馬尼亞省（The State of Tasmania）的首府。荷伯特城的英國餐館，極具英國傳統風味。有些連在英國都很難吃到烤牛排和龍蝦，卻可在荷伯特吃到，最訝

異的是，主廚的手法一流，很多嚐過英式餐館菜餚的人，均會異口同聲讚美，並相約前來。除此之外，荷伯特的法國餐館和日本料理，均屬國際級。其中以法國廚師所烹調的牛排，入口即化，百吃不厭。

七、達爾文（Darwin）和艾麗絲泉（Alice Springs）

這兩個城位處北疆，是邊防重鎮。二次大戰時，達爾文成功擔起防阻日軍從印尼南下的重任。

到達爾文一定要品嚐北疆出產的魚，其肉類似黃魚般的鮮嫩。根據當地考據，遠古時期，達爾文是海的一部分，後因地層升起，不少海水魚類被困在升起的陸地河流內，久而久之，演化變成海水的淡水魚。牠們的特色是肉嫩、鮮美和少刺，極為可口。

澳洲政府為了防止袋鼠繁殖過多而造成農業上的傷害，每年定量獵殺袋鼠。凡是給人吃的袋鼠肉，一定經過衛生處理，安全可靠

艾麗斯泉的水牛肉牛排和袋鼠尾湯，是稀有的料理，可以說是澳洲特色。

結　論

　　澳洲料理和澳洲葡萄酒一樣，都沒有悠久的歷史，
但卻能在短短三十年間，躍上國際飲食舞台，她能開創
新局，自有其獨特之處。研究和創意，道出了成功的不
二法門。

澳洲北疆螞蟻山像巨石般

第十六章
紐西蘭的飲食文化風格
原住民和移民混合創意以及新興的葡萄酒市場

　　紐西蘭和澳洲一樣，都是一個飲食的天府之國，但都不是一個具有悠久飲食文化的國家。不過，紐西蘭和澳洲最大不同的是，前者的土著毛利人還保留著本身的飲食文化，後者的土著曾有過一段坎坷歷史，幾乎被白人「屠殺殆盡」，本身自無飲食文化可言。紐西蘭的料理分兩種，一種是純白人料理，另一種則是毛利人和紐西蘭人合而為一混合料理。前者仍保留著英國人的傳統風味，後者可稱之為另類風味的混合美食。

第一節
紐西蘭的羊肉和海鮮

紐西蘭是以羊多而有名。據紐西蘭國家統計局數字顯示，平均每一個紐西蘭人擁有二十四隻羊。紐西蘭人曾有一個笑話，一個人如果是在路上開車，他不用擔心會撞到人，而要擔心會撞到羊。紐西蘭人烹調羊肉世界有名，不論是在餐館或家庭，烹調羊肉是一個絕活。

紐西蘭人吃的是小羊肉（Lamb），做起羊排來非常嫩。它的做法可分兩種：一種是烤的，通常多在大型野宴上或戶外宴會上可以吃到，不過，紐西蘭館子的烤羊排要比戶外野宴精緻得多。羊排經過炭烤之後，羊油全部烤出來，剩下的肉和焦黃的皮，最為可口。紐西蘭人吃烤羊肉只用一種作料——薄荷醬，的確是「絕配」。如果怕火氣而不吃炭烤羊排的話，可以嚐嚐燜羊排。它的做法是把羊排放在烤箱內燜，並加上番茄、洋蔥和蒜為作料。這是一道功夫菜，在餐館吃這道菜的話，最好是先預約，它需要時間烹調料理。有人怕羊肉有羶腥味，這種感覺可能深受「羊肉吃不到惹得一身騷」這句話的影響。其實，經過調理之後的羊排，只有香味而無羶腥味。

因為紐西蘭羊多，羊肉變成主要料理。對紐西蘭的

家庭主婦而言，不論是待客或居家自己享用，要把一道羊肉主菜燒好，幾乎是每一家庭主婦面臨的首要課題。

　　一般而言，紐西蘭家庭主婦最叫座的一道名菜叫「殖民鵝」（Colonial Goose）。它是把一整隻羊腿先去掉骨頭，然後用大蔥、火腿、牛奶和草藥做餡，把它們一起塞到羊腿內，然後用慢火烤熟。由於羊腿形狀切割之後很像一隻鵝，「殖民鵝」的雅號由是而來。

　　其中值得一提的是，紐西蘭每一位家庭主婦都會津津樂道如何烤「殖民鵝」，當客人們問她如何烤時，她會一五一十講出來，但是，用甚麼草藥卻是機密，絕對不會透露。因此，每一個家庭主婦烤出來的「殖民鵝」的味道都不一樣，查其主因，自然和草藥不同有關。

　　在紐西蘭餐廳裡的菜單上，客人看不到 Lamb 這個字，它是由 Hogget 這個字取代。Hogget 這個字源自英國，其意是指一歲大的嫩羊，肉質鮮美而細嫩，是紐西蘭的頂級菜餚。紐西蘭的牛排也是上上之選，不過，紐西蘭人喜歡吃九分熟牛排（Well Done），但觀光客可以自由選擇，三分熟的牛排，常會讓老饕們垂涎欲滴。紐西蘭的鹿肉（Venison），也是值得一試的好菜。牠們是由農莊飼養，屬「家畜」類。其肉質要比野生的鹿肉細嫩的多。

　　紐西蘭的海鮮是世界一流的。一年四季都產不同節令的海鮮，可以說是吃海鮮的天堂。春夏季可以吃到紐

西蘭龍蝦，牠要比 Lobster 小一點，肉質鮮嫩。除以之外，還可以吃到殼類海鮮。秋冬兩季可以吃到頂級的超大牡蠣（Bluff Oyster）及青蚌（Green Mussel）。紐西蘭的海水魚類也是聞名世界。譬如說，藍鱈魚、石斑、馬頭魚、魴魚、海鱸、皇帝魚以及土著命名的海鮮 Tarakihi 及 Hoki。

> 青蚌所指的青，是指青色的殼，而不是指肉。深海裡的蚌，殼的顏色非常鮮艷，紐西蘭人常用來做裝飾品，如男士們的袖扣、領帶夾，女士們的扣花等

　　其中值得一提的是，紐西蘭可以稱得上是一個「鱒魚之國」（A Trout Country）。湖泊和溪流布滿了鱒魚，但是，紐西蘭餐館的菜譜上，絕對沒有以鱒魚為名的這道菜，因為紐西蘭人認為釣鱒魚是一種運動，多會把釣到的鱒魚放回水裡。不過，紐西蘭餐館有「代客服務」。餐館可代為烹調。一般而言，紐西蘭人是把鱒魚帶回家自己燒烤。

　　紐西蘭的蔬菜和水

> 作者在捷克首都布拉格吃過一次最有回味的鱒魚，廚師把一條鱒魚去骨，然後再還回原形，塗上牛油並加一些松子，再用錫箔紙包起來烤。服務生把烤好的魚端上來，並在客人面前把錫箔紙慢慢打開。烤後的魚香味、牛油味及松子香味隨著錫箔紙打開而散發出來，沁人心腑。嗅到的香味就已經值回票價，何況魚肉鮮嫩，更出人意表

果，都是配菜的好佐料。通常以一道主菜而言，總會有三到四種蔬菜相伴。不過，紐西蘭的水煮蔬菜平淡無奇，反倒是加入水果的沙拉，特別入味。

　　紐西蘭人仍保留英國人的「飲茶文化」。不論大小城鎮，到處都有「喝茶館」（Tea Shop），即使沿公路上的一些景點，也有茶館開設，讓遊客休憩和賞景。英國人喝茶多用餅乾相佐，但紐西蘭人多用烤餅（Scone）佐以新鮮草莓果醬和鮮奶油，是一種非常講究的享受。

南太平洋的雞鴨魚豬生烤肉大宴

第二節
毛利人的土著料理

　　上文提及，紐西蘭土著毛利人有他們自己的飲食文化。毛利人善於潛水捕捉鱔魚，因此，燻鱔至今不但是毛利人的佳餚美食，而紐西蘭人本身也養成吃燻鱔的習慣。飲食文化相互影響，從此又得到明證。毛利人把鱔魚大量繁殖到湖泊和河溪裡，有些肥鱔，重達二十公斤。鱔魚可以說是吃之不盡、取之不盡。

　　毛利人有一種和大溪地土著做法相同的「毛利大餐」，稱之為 Hangi。在紐西蘭，只要有毛利村的地方，就可以吃到 Hangi 大餐。它的做法是先在地下挖一個洞，隨後把燒熱的石頭放進洞底，再把要烤的食物放在石頭上，再蓋上濕布。食物種類繁多，從家禽到海鮮，從蔬果到肉類，應有盡有，含有毛利人口味的調味料也放進去。等到濕布烤乾之後，毛利人主廚或主人就會把布掀開，香味四溢的「毛利大餐」由是煮成。吃的方式是自助餐式，把所有烤好的料理放在一條長桌上，讓客人隨意享用。毛利人性愛狩獵，每到射鴨季節（野鴨）來臨，毛利人就會把獵獲的鴨子，經過處理後就塞進大蔥、麵包屑、草藥、牛油、鹽和胡椒做餡，先蒸後烤，等到鴨皮呈棕黃色狀即可享用。其做法有若中國人

的烤八寶鴨。以個人的經驗而言，毛利烤鴨要比較夠味
一點。不過，紐西蘭的外來烹調如法國菜、義大利菜、
中國菜和日本菜等，時至今日，還沒有成氣候。

紐西蘭女皇鎮

第三節
紐西蘭的葡萄酒

　　紐西蘭人的「國飲」是啤酒。紐西蘭有兩大啤酒廠，一是卡爾頓聯合釀酒廠（Carlton United Breweries），一是自治釀酒廠（Dominion Breweries），兩廠均設在北島，提供全國的啤酒量，不需從國外進口，即可自給自足。不過，紐西蘭南島人，卻歡喜喝南島啤酒廠自釀的「南島啤酒」。從喝啤酒的情況來看，紐西蘭也算是「一國兩制」了！

　　紐西蘭也是從二十年前才冒出來的一個葡萄酒出產國。她和澳洲不一樣，澳洲是釀造葡萄酒有百年歷史，只不過是礙於世界大勢而不去從事推廣；紐西蘭則是一個只有二十年歷史的新星。紐西蘭的葡萄農和釀酒商們的確讓世界吃了一驚，在短短的二十年中躍身而為世界葡萄酒市場中的要角，除了人為因素之外，自然環境也扮演了重要角色。

　　其實，早在十九世紀，英國人詹姆斯‧伯斯比（James Busby）就到紐西蘭北島種葡萄釀酒，但沒有成功。自此以後，再沒有人去嘗試。其中最主要原因是紐西蘭人地處邊陲，與世隔絕，均以喝啤酒而自滿。

　　到了上個世紀的八○年代，因為航空交通發達，紐

西蘭人開始出外旅遊，而紐西蘭政府有樣學樣，隨澳洲政府之後，放寬了移民政策。雙向觀光的結果，讓紐西蘭人的視野變得開闊，他們也從澳洲快速發展葡萄釀酒的過程中學到「有為者亦若是」這句話的真諦，自己開始釀酒。

紐西蘭地處南緯30°～45°之間，和北半球葡萄大國如法國、德國、義大利、美國及加拿大位在北緯30°～45°相若，她和德國最相似。因此，紐西蘭葡萄農培植蘇維翁・布郎克（Sauvignon Blanc）葡萄，釀造白葡萄酒。紐西蘭的葡萄農們知道，如果栽培德國萊茵河的蕾斯玲白葡萄也可以成功，但在蕾斯玲這個名字上，先天上就打不過德國；再者，澳大利亞南澳省的蕾斯玲葡萄酒，不但稱霸天南，而且還有超越德國的氣勢和企圖心，紐西蘭葡萄農在知己知彼的情況下，毅然栽培適合本土的蘇維翁・布郎克葡萄。二十年後證明，當時的決定是對的。紐西蘭的蘇維翁・布郎克白葡萄酒也闖出了名號。

紐西蘭氣候較冷，而且屬濕冷型，一年下雨的平均量均衡，因此，葡萄在成長階段時的雨水，往往會把葡萄內的含糖量稀釋，或者是降低了葡萄的品質。在上個世紀八〇年代末期，紐西蘭葡萄農利用新的科技，將葡萄的成熟期加快和變短，以利收成及盡量避開雨水的侵蝕。這種栽培十分成功。九〇年代蘇維翁・布郎克白葡萄酒香味十足，因此也成為紐西蘭葡萄酒進軍國際市場

的新希望。不少國際酒評家覺得,它要比法國魯瓦河谷
(Loire Valley)的蘇維翁‧布郎克的葡萄酒更具果香
味。紐西蘭的蘇維翁‧布郎克白葡萄酒的果香味具多樣
化,有桃子味、香蕉味和梨子味等。它成為和海鮮相配
的絕妙好酒。

　　紐西蘭政府在發展葡萄酒之初,立即仿效法國實施
多年的葡萄酒品管制度,到了九〇年代中葉完全落實。
嚴格的品管制度讓紐西蘭跳出「品管不嚴,素質不一」
的泥淖。

　　紐西蘭的葡萄產區分八個。北島有四個:奧克蘭區
(Auckland)、吉斯本區(Gisborne)、霍克斯灣區
(Hawkes Bay)及威靈頓區(Wellingtow);南島四個
產區分別是尼爾遜區(Nelson)、馬爾布魯區(Ma-
rlborough)、坎特貝里區(Canterbury)和中奧特戈區
(Central Otago)。其實,前六個產區的氣候相似,只
有最後兩個地區是處在南島的末端,氣候更冷,收成不
算大宗。不過,坎特貝里的葡萄園目前正在釀造類似德
國和加拿大的冰酒(甜酒),甚獲佳評。

　　紐西蘭觀光旅遊局為了要推廣紐西蘭葡萄酒,特別
在北島開闢了一條「紐西蘭經典葡萄酒之路」。從北島
的那皮爾城(Napier)開始,到威靈頓結束,沿途所經
各地,都佈滿了葡萄園,春天是綠色花香,秋天是深紫
色的葡萄,充滿了田園鄉村風味。是一條十分成功的推
廣路線。

　　紐西蘭葡萄園是全球葡萄帶的最後一站。它的歷史
雖然不久，卻能在短短的二十年間，跨越地理上的孤立
而建立具有本身特性的葡萄酒，可以說是一項奇蹟。

紐西蘭酒區

北島

奧克蘭區

吉斯本區

霍克斯灣區

那皮爾城

南島

威靈頓區

尼爾遜區

馬爾布魯區

坎特貝里區

中奧特戈區

○—○　紐西蘭經典葡萄酒之路

第十七章
帶有原野氣息的非洲料理和南非葡萄酒

　　在非洲，帶有原野氣息的料理，慢慢變成主流。查其主因，不外乎和觀光有密不可分的關係。就好像在台灣一樣，原住民的菜也漸漸走入觀光飯店。

　　非洲大陸幅員遼闊，國家眾多，宗教各異，且不同種族分佈在不同的區域裡，一個國家內有好幾個不同種族同處，已是司空見慣之事。非洲的料理也是五花八門，因此，飲食習慣也隨不同種族而有所差異。

　　不過，從觀光飲食的角度來看，非洲的料理大致可分為三類：

　　第一：深受回教影響的國家，如埃及、利比亞、阿爾及利亞、毛利塔尼亞等國，因為宗教的關係，料理隨著回教文化發展而成，可以說是回教料理文化。

　　第二：和發展觀光事業有關的國家，如肯亞和塔尚尼亞兩國，為了吸引旅客，發展本土美食不遺餘力。於

是，料理所用的材料都是當地的土產，從肉食到蔬菜，
從水果到魚類，多採自本土，再配合當地的煮法，讓食
物充滿原野氣息。其中最吸引人的是原野大狩獵歸來的
黃昏「慶功宴」，在品嚐原野料理之餘，還可以欣賞到
非洲大陸的落日景象，野獸的吼聲，土著們的鼓聲，再
配上照明四週的火炬，把原野黃昏前後的景象，一一表
露無遺。

　　第三：在非洲諸多國家中，南非是一個比較特殊的
國家。她是早期歐洲移民和後期歐洲移民相結合的國
家。早期歐洲移民如荷蘭移民、法國移民及少量德國移
民等，他們在南非定居之後，自成一格的南非早期文化
由是形成。它反映在飲食文化上自是有異於它們的母國。到了十九世紀之後，英國來的新移民又和老移民結合，成了另外一個民族，其中以南非語文

Afrikan，是荷、法、德三種混合語文再加上英文而創造出來的南非本土語

（Afrikan）最為顯著，因此，在飲食方面也表現出自成
一格的南非飲食特色。

　　南非料理和歐洲大陸母國最大不同的是，調味料特
別重，特別是在野味（Game Meat）的調理，有異於
英、法傳統的煮法，做出來的南非口味，極吸引歐洲母
國來的遊客。南非人本身也用重口味的作料調理家庭菜
餚，故南非的飲食自成一格，也在非洲別樹一幟。

第一節
南非的葡萄酒

　　南非的葡萄酒歷史與歐洲移民有密不可分的關係，遠在十八世紀中葉，首批荷蘭移民到達南非好望角之後，即開始種葡萄釀酒。南非最先出名的葡萄酒不是餐桌酒，而是飯後酒。至於他們釀造成的甜葡萄酒是用何種葡萄，至今仍是一個謎。

　　南非葡萄酒真正在國際市場上嶄露頭角，應該是在上個世紀八○年代末葉。當時南非的白人少數政府在總統迪克拉克宣佈放棄種族隔離政策，並把統治權交由曼德拉領導的多數黑人政府後，國際社會及聯合國對它的制裁隨即解除。南非的紅白葡萄酒也跟著到世界各國行銷。由於南非政府和酒商聯手促銷南非葡萄酒，再加上價位適中，且質地也不輸給美、澳、智利等新世界國家的葡萄酒，不到幾年功夫，南非葡萄酒在世界各國促銷酒商的名冊上出現，同時很多餐館也在它們的酒牌上列有南非出名的葡萄酒名稱，提供顧客選擇。

　　南非葡萄酒產地多集中在南非的西南省份，因為來自大西洋和印度洋的冷流，無形中把來自內陸熱氣團中和，葡萄農也因而受惠良多。南非的白葡萄酒應以夏多利和清妮‧布郎克（Chenin Blanc）最為有名，這兩種

白酒水準，並不比歐洲同種白葡萄酒遜色。

南非的紅葡萄酒所用的葡萄集中在卡伯尼特‧蘇維翁、梅樂（Merlot）和夕拉（Syrah）三種葡萄上。這三種葡萄均來自法國，由於法國曾一度統治過南非，南非的紅葡萄酒也和法國波都區的紅酒相接近，要想趕上，恐怕還要等一陣子。其中主要原因是，當聯合國對南非實施經濟制裁時，南非葡萄酒不能外銷到世界各國；因此，釀酒商對葡萄酒的品管並沒有徹底執行，等到制裁解除後，南非才開始著手執行品管制度，等到上了軌道之後才往前追，就要花費多倍力量。

> 氣泡酒即香檳酒，由於香檳酒是法國的專利，經世貿組織判定，只有法國香檳區出產的香檳酒，才能稱為香檳酒，其他各國出產的香檳酒，只能稱之為氣泡酒〔Sparkling Wine〕

值得一提的是，南非出產氣泡酒。其他國家出產的氣泡酒，罕能與之匹敵！

早在十八世紀，英國名相皮特（Pitt）在美國大革命成功後曾自豪的說：「我要讓新世界誕生以平衡舊世界。」他的豪語應驗了。同樣的道理，當新世界的葡萄酒如澳洲、紐西蘭、智利和南非等國打入世界酒市場之後，它們給舊世界（歐洲）的葡萄酒市場帶來的刺激，無疑是朝改革方向邁進。對品酒的人而言，何嘗不是一項福音呢？

第二節
南非葡萄酒興起的特色

也許有人會問，歐洲古老殖民地國家如法國、義大利和德國也曾擁有過廣大的非洲殖民地，為甚麼沒有把種葡萄的技術傳留下來，以備日後栽種葡萄呢？查其原因不外是：

第一：氣候和土壤不適合栽種葡萄，除南非在南緯30°～45°之間外，其餘地區均靠近赤道或赤道附近，因此沒有辦法種葡萄，況且，不少德、法、義屬地均屬不毛之地，只產礦物而無耕地之利。

第二：當地土著不易教化，且種葡萄是一門大學問，以非洲土著本身的素質而言，自不易接受技術勝過勞力的葡萄種植法。

第三：沒有本地市場。除了南非之外，其他非洲殖民地的老百姓都是一窮二白的勞動階層，一日三餐尚難以溫飽，哪裡還有餘錢買葡萄酒喝？兩者，在殖民地時代，階級制度執行得非常嚴格，即便是有錢的土著，也買不到只有白人統治階層才可以喝的葡萄酒。

因此，整個非洲大陸除南非外，其餘國家根本沒有喝的文化可言。

南非名酒區 STELLENBOSCH 內的
葡萄園一瞥

埃及是一個歷史悠久的文化古
國，在法老王時代，曾有種植
葡萄的壁畫記載，也有文字相
傳。不過，自回教文化入侵
後，不許喝酒的教規，也扼殺
中斷了葡萄釀酒的文化

埃及仙魯佛皇陵（TOMB OF SENNURFUR）內的葡萄藤壁畫

第三節
南非葡萄酒的種植區

　　南非種葡萄釀酒共分十一區，其中以第三區、第六區和第十區出產的酒，在國際上已普遍受到尊重。

南非酒區

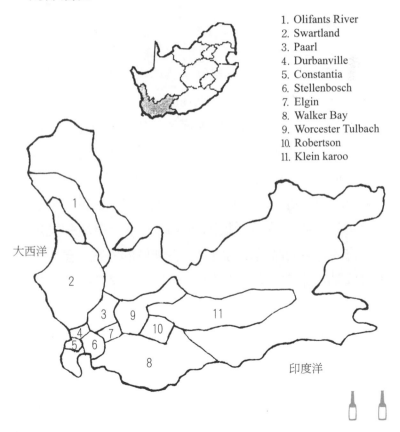

1. Olifants River
2. Swartland
3. Paarl
4. Durbanville
5. Constantia
6. Stellenbosch
7. Elgin
8. Walker Bay
9. Worcester Tulbach
10. Robertson
11. Klein karoo

大西洋

印度洋

第十八章
香港的飲食文化

　　香港的飲食文化在華族飲食族群中自成一格。香港的吃來自大陸廣州，因為「吃在廣州」這句話最初傳遍飲食界的時候，香港還是中國滿清年代的一個小石頭漁村。中英之戰結束，戰敗的清廷割地賠款，香港於是成為大英帝國一小塊屬地，誰也不會想到它卻成為日後的「東方之珠」百年之久而不褪色。歷史是吊詭的，假設沒有中英之戰，或清廷投降而英國看不上這塊彈丸之地，香港日後的命運如何將是一個無解的答案。至少它不會成為「東方之珠」這個都市大港，應是確實不移的。

　　香港割給英國之後，對日後的香港飲食文化起了巨大的變化。

第一節
香港飲食文化的形成

　　英國殖民地政府為了要讓香港活下去，隨後又將香港對岸的九龍用租借的方式簽下為期九十九年的租約。有了九龍，香港不再是一個孤懸海上的「石頭小島」，因為九龍和大陸相連，從而扮演香港發展的角色。

　　香港和九龍納入英國殖民管理體制內之後，對飲食衛生的要求非常徹底，這對港人保有以往中國大陸飲食不講究衛生的惡習，起了革命性的變化。飲食要配合衛生給港九華人的烹調主廚上了一課。再好吃的東西，如果不合乎衛生要件，絕對是拿不到買賣執照的。

　　港九列入大英帝國殖民版圖之後，英國殖民政府就有計劃把它變成下金蛋的母雞。於是，香港成為自由港，也成為通往中國大陸的開放門戶。自由港形成之後，首先直接受惠的莫過於飲食事業。來往世界各地的輪船，不但載著各國不同口味的食客，同時也帶來不少其他地方料理精品，香港的廚藝靠著通商自由的優勢，以「一日千里」的進步速度，烹調廚藝也凌駕廣州之上。

第二節
兩個不同時期的階段發展

從港九成為英國殖民地到西元 1997 年歸還中國的一百年間，香港飲食文化的發展，可分兩個重要階段：

一、割讓初期到西元 1950

這個階段的香港人飲食均以廣州飲食廚藝為其基礎，羊城（廣州）飲食為主流。因為香港在殖民時代初期，仍然是一個以勞力為主的社會。在吃的方面並無山珍海味的菜餚，反而是以「飲茶」為主。這裡所指的「飲茶」，並非字面上的白話解釋「喝茶」，香港的飲茶也是傳自廣州。飲茶除了有好的茶葉泡的好茶之外，就是要有精美的點心搭配。

對一般勞動階級的人而言，「飲茶」並非「喝茶聊天」，而是一日的生計。特別是指只有床位而言的苦力，茶館就變成他們一日三餐之所寄。這類茶館是屬普羅大眾級，自然談不上精緻了。

香港的生意人也是利用茶館來做為買賣交易的場所，生意人到茶館主要不是吃，而是以洽談業務為主，

因此，飲比食重要。這些專門給生意人提供生意場所的茶樓，以最好的茶為號召。

一般收入較豐的華人，他們利用茶樓來做為婚慶喜慶的場合。這類茶樓都提供「麻將」場所，讓客人們先打牌後吃飯成為香港人參加喜慶的特殊習慣。當某人接到喜帖，如果上面寫著「兩點入桌、八點開席」的話，意思是說兩點入桌開始搓麻將，一直到晚上八點才入席吃飯。這類茶樓算是高級的一類。

英國人在香港是「統治階層」，他們的飲食文化另成一格，也就是俗稱的「俱樂部文化」。俱樂部是採會員制，要想加入俱樂部之前，最好考量一下本身的身分和地位。不要以為俱樂部有甚麼了不起，它所隱藏著的是一種極為優越的殖民文化。俱樂部內的飲食都是一流水準，不論西餐或中餐，其精美的烹調手法，自非一般市面上的餐飲業所能比擬。

香港的西餐烹調，師法英國，沒有甚麼精緻之處。即使是香港第一流的半島酒店，其所能提供的西餐只能合「統治階層」的胃口。因為它注重的是禮儀和餐具擺設，西餐內容不在考慮之列。

從上個世紀 1900～1950 這五十年間，世界歷經二次大戰和最嚴重的經濟大恐慌，在在都影響到飲食的進展，香港自不能例外。

二、從 1950 年到 1997 年回歸中國

二次大戰結束後，英國政府從日本人的手中接回對香港和九龍的統治權。英國本土因受二次大戰時德國給予的「疲勞轟炸」的影響，即使最後獲勝，也算是「慘勝」。在「百廢待舉」之時，英廷對殖民他的搜刮，較戰前尤甚。香港鄰近中國，而中國也是「慘勝」國。但香港卻沒拜這兩個慘勝國之賜，短短期間之內即恢復舊觀，查其主因，都和英國的「務實」外交、國防和財經政策有關。

英國殖民地政府在二次大戰時，對香港的防守採取「務實」政策，換言之，絕不採取戰至最後一兵一卒的慘烈防守策略與日本對抗，而是輕易棄守香港以避免受到炮火荼毒；再者，透過外交手腕，讓盟軍進攻華南而不需取道香港，使它再次免於兵燹之災。兩顆原子彈讓日本無條件投降之後，香港隨著勝利而不需經過復原即進入昇平時代。其中值得一提的是，英國從日本人手中收回香港之後，並沒有立刻停止使用日本發行的港幣，而是採取緩和的替代方案，讓當年無法離開香港而留居日本統治時期的香港人不會有被歧視的感覺。最重要的是，持有日本發行的港幣的人，不會因「偽幣」立刻終止使用而在一夜之間變成赤貧。穩定而速迅恢復舊觀而進入「太平盛世」，對飲食而言，自是一大福音。

　　香港飲食一向是以廣州式烹調手法為主流。可是，1949 年發生一件驚天動地的世界大事，中國共產黨在 1949 年 10 月 1 日建國，國民黨政府退守台灣。英國政府立刻宣布承認中華人民共和國，穩住了香港的地位。當國民黨在 1948 年初開始潰敗時，很多有錢的大陸人移居香港避禍。這些「避秦」的有錢人，並非全是廣東人，大陸各省籍的都有。他們帶著自己的廚子逃居香港。但在坐吃山空的情況下，不少有錢人的大廚流入香港飲食界而開始創業，因為他們來自中國大陸各省，於是，川菜、上海菜、江浙菜、湘菜等等，也開始在香港有了立足之地。再者，避居香港的大陸人，他們對自己的胃口仍舊懷念，因此，除羊城美食的其他胃口，也在香港獲得特定顧客的支持。香港飲食業也走向百家爭鳴的階段。

　　香港人在飲食的習慣上是屬「排外」的保守主義者。除了香港本土飲食外，很少能接受其他各家不同的飲食。但從七〇年代開始，香港成為亞洲四小龍之一，香港人收入暴增；於是，出外旅遊成為時尚。環繞香港的東北亞和東南亞等國家，變成港人出國最優先的選擇地點。香港人到台灣遊玩，成為熱門路線和景點。香港人到台灣旅遊，開闊了本身飲食的視野，也讓台灣「飲茶」有了進步的空間。

　　由於香港人享受到經濟繁榮帶來的成果，本身對飲

食業的要求，也開始挑剔了起來。透過他們廣泛接觸其他國家飲食後產生的味蕾，在飲食方面，香港人有了多重的選擇。另外加上來往香港的國際商旅人士和遊客達到前所未有的成長；於是，法國餐廳、義大利餐廳、西班牙餐廳、印度餐館、日本料理店及韓國餐館等，也紛紛在香港開業，而且獲得本土和國際人士的稱讚。

第三節
香港旅遊促進局對香港美食的推廣

從上個世紀七〇年代開始，香港旅遊促進局認為，自然風光是香港旅遊推展的負數，但美食的推展，應該可以獲得正面的評價，且能彌補風景不足的負數；於是，「香港是美食天堂」的宣傳，不斷出現在世界各國大都市的印刷和電子媒體上，在短短幾年之間，香港的確成為美食的天堂。

也許有人會問「美食天堂」的定義是甚麼？在甚麼環境和條件之下，才能成為名副其實的美食天堂？作者曾任多次美食評審，應該可從以下幾個角度來解釋。

美食天堂的條件：

A.它一定要有地標型的餐館，而它就是美食的代言人。

B.廚藝要有一定的水準，即使是一般的料理館，也要有固定的水平。不能因人而異。

C.服務水準要一流。從五星級的廳館到街邊小攤，服務人員要有服務的熱忱和敬業的精神。

D.美食的用料不能馬虎，不能用「代替品」。

E.美食要多類型的代表菜餚，從五星級的菜餚到一般普羅大眾菜餚，因為美食不是只為少數族群服務。

第四節
香港料理的代表菜餚

　　香港料理自成一格，而其代表性的菜餚又有別於其他地方的風味，風格和風味之所以形成，自有其特別的文化風俗背景。現把它的特色分列於下：

1. 游水海鮮：

　　香港人喜歡吃新鮮海鮮，港人稱之為「游水」，其意是指海鮮從養殖魚池或魚缸內撈起來的時候，還是活蹦亂跳的。「游水海鮮」之名起於香港，現在成為海外華人餐飲業的通用名詞。

　　香港有幾家代表型的水上餐館，其中以「珍寶餐館」（Jumbo Seafood Restaurant）最具代表性。它是建在一條大船上，船內有包廂，有喜慶用的大廳（開席前為打麻將之用）。在船尾有一個人工魚槽，把海鮮分門別類養殖在指定的魚槽內。客人入座之後，主人到魚槽內點客人喜歡吃的海鮮，隨撈隨煮，新鮮可口。觀光客和美食家們絡繹於途。把吃美食當成還願，應是一種美食發展的極致。

2.地茂攤

地茂攤又稱街邊小
吃。不要小看街邊小吃，
在香港，它有百年以上歷
史。地茂攤最有名的是

地茂攤為香港話，早期是指蹲
在路上吃

「煲仔煮」（Clay Pot Food）。所有的菜餚都是分別放
在不同的煲裡用文火慢煮、慢燉，吃起來香噴噴，特別
有味。自從香港政府推廣美食後，地茂攤也有了變化，
桌椅也都格式化。「煲仔煮」是香港原始飲食文化精粹
之所在。時至今日，仍有不少上了年紀的外國觀光客會
回到灣仔或中環的地茂攤吃「煲仔煮」，藉著美味佳餚
以回味逝去的歲月年華。

3.艇仔粥

早期的香港有一群海上人家。他們是靠海為生。船
停泊在固定地點。早上出海作業，晚上回來就睡在船
上。有些成家的漁戶，他們為了服務單身出海撈魚的
人，於是利用船上少許空間，煮一些海鮮稀飯和配幾樣
小菜出售，因為所有的材料都是非常新鮮的，經過一些
手藝好的家庭主婦烹調，久而久之，艇仔粥就由海邊傳
到內陸，好吃的香港人也從城裡坐車到海邊分享艇仔粥
的美味。於是，艇仔粥的餐館也在船上成立，艇仔粥也
由家庭式的營業轉換為餐館式的營業。它和煲仔煮成一
海、一陸的普羅美食雙絕。

4.點心和燒臘

香港的點心和燒臘手藝，都是傳自大陸的廣州。不過以目前的情況而言，後者早已超越前者，主要原因不外有二：

㈠香港是自由地區，廚藝有自由發展的空間。再者，香港的材料來自世界各地，好的材料配合超群手藝，自會獨領風騷。香港的點心師傅不斷到海外開拓市場，美國和加拿大就是拜他們之賜，提高了華人飲食的水準。

㈡大陸經過文革之後，廚藝一落千丈。因為在文革時期，老一輩的廚藝大師，都遭受到清算的命運。繼起年輕的一代，不論是經驗和見識，遠不如前輩多多，而且大陸對創意這門只可意會，不可言傳的學問，尚不能充分體會，且沒有自由發展的空間，廚藝遠落香港之後，自不例外。

香港的點心已進入一種美食兼藝術欣賞的階段。它已跳越傳統一盅兩件的層次。不論是用料、烹調手藝、餐具器皿、室內裝潢以及服務態度，已進入有若西方國家如法國和義大利等講究餐飲藝術的水準。

香港最近新開了一家「湖桐餐館」（Hutong Restaurant）。它是以飲食加景觀為號召的主軸。「湖桐餐館」的點心，有如藝術品的雕琢，它的夜間景觀，有若

坐在一個太空的平台上，欣賞著來往星際的閃爍光芒。
美國美食評審家派屈莉西亞‧威爾絲女士去過「湖桐餐
館」之後說：「景觀加上美食讓二加二等於十（滿分）」。

　　香港的燒臘也是一絕，燒乳豬、燒肥鵝、燒鴨、燒
雞和燒排骨，都是讓人百吃不厭的燒臘。皮脆、肉嫩和
多汁，絕非其他地方一般燒臘可比。「香港燒臘」不但
在香港吃香，而且在海外也闖出了名號，廣受國際美食
人士讚賞。

香港本身不產酒，但進口世界各國名酒，圖為香港
葡萄酒供應商介紹法國布根地一望無垠的CHABLIS
葡萄園。

第五節
香港的飲料

　　香港為彈丸之地，自然沒有創造「飲料」的條件，但香港卻有引進世界各國美酒的條件，可以用來彌補本身條件的不足。

　　從「飲」這方面而言，它和吃一樣，都是經過一段經濟成長而發展出來的新飲食習慣。

　　在初期，香港的華人只能喝水和茶，因為威士忌酒和白蘭地酒都屬上層階級的飲料。不過，若以茶而言，香港的茶樓都會有好茶待客。香港人喜歡喝中國南方出產的紅茶，其中以「大紅袍」最流行。極品大紅袍的價錢，往往比點心的價錢還貴。

　　隨著經濟的發展和地球村日漸形成，喝的人為屏障終於消失，白蘭地酒和威士忌酒不再專屬上層高貴階級。一般社會大眾都可以喝到。不過，香港人對白蘭地酒情有獨鍾，不管大宴小酌，桌上一定要有白蘭地酒相佐。所謂「無酒不成席」即指此意。

　　到了上個世紀的八〇年代，香港人也開始品嚐葡萄酒了。香港人比較迷信，紅葡萄酒的「紅」字表示吉祥之意，因此，它比白葡萄酒廣受歡迎。

第六節
回歸以後的香港飲食前途

　　從上個世紀的八〇年代末開始，香港人得到了「回歸中國恐懼症」，造成了大量的海外移民，有手藝的廚師成為海外華人飲食業界爭相聘僱的對象。在他們主掌廚下，為海外，特別是美、加兩國，開創了香港美食之風。香港的飲食業因廚師大量出走而邁向蕭條之路。從1997年往後三年間，香港百業衰退，觀光業首當其衝，飲食業也跟著坐困愁城。不過，經過回歸後的五年時間，當初造成人們外移的恐懼的理由並沒有出現；於是香港技術人士又開始回流，其中以廚師最多。

　　香港美食和旅遊推廣是一物的兩面，彼此相輔相成。目前香港旅遊業開始興旺，餐飲業也利用這個機會推出了「美食紀念品」系列，構想源自人們出外旅遊都要買些紀念品的習慣，從2005年10月開始，香港「榮記餐館」首先推出一系列「美食紀念品」如XO醬、粽子和燒鵝等美點，包裝美觀且容易攜帶，推出不久，立即成為遊客們爭相購買的「另類紀念品」。香港其他有名的飲食集團也跟著推出類似的食物紀念品，因為香港人認為飲食文化是香港美好傳統的一部分。把食品當成紀念品出售，符合傳統精神。

　　香港的美食，經過優美包裝的促銷，相信美食天堂的地位不但牢不可破，而且會繼續發揚光大。

台北富都大飯店董事長徐亨本人也是位美食家，1986 年徐亨夫婦特別來澳洲品嚐雪梨美食，以作為返國後改進富都粵菜的參考。

圖為作者為徐亨夫婦設宴，邀請他們品嚐雪梨的華人廚藝和刀功。

（前排左起：作者次女楊智媛、周嘉川、徐亨夫人、徐亨、外交部駐雪梨辦事處主任劉國興、外貿協會駐澳辦事處代表；後排左起：僑領陳榆、僑領林先生、左三廖威、左五刁振謀、左六光華銀行雪梨黃經理）

第十九章
台灣飲食文化的傳承

中國菜餚藝術在台灣的轉變

第一節
台灣飲食文化傳承的三個階段

一、外來飲食文化入侵

　　台灣自日本人手中回歸中華民國之後，由於當時中國大陸正值慶祝抗戰勝利，飲食界忙於開拓勝利後的廣大市場，因而沒有想到台灣這個市場。可是好景不常，1949 年國民黨政府潰敗來到台灣，隨著撤退而來台灣的各色人等，自然也包括廚藝精通之輩，隨著 1950 年韓戰爆發，台灣進入美國保護的穩定階段，於是有關吃的

文化也慢慢開始研發。

　　五〇年代初期，台灣吃的發展要以北部先於南部，也優於南部，且台灣的餐館也以大陸北方館子為主，譬如說山西館和陝西館的麵點非常流行，這和當時政府實施主食配給制度有關。麵粉是政府配給的，可是有一些不會用麵粉做主食的人，常會把麵粉拿去換別的東西，於是以北方麵食為主的餐館，因為有了主要來源，不論大小麵食館都成為提供一般大眾餐飲的好去處，再加上來自大陸的各省人員，除了極少數之外，對麵食都能接受，因而從早餐到晚點，北方麵食變成當時台灣餐飲業的主流。

　　在五〇年代，僅有少數的廣東館子可算是高級餐館，它們的菜餚非常精緻，請吃廣東菜也變成時尚。另外五〇年代的愛國華僑，每逢十月均從海外回國，參加雙十國慶及光輝十月的各種活動，他們均屬早年的海外廣東移民，對廣東飲食的習慣，也早已養成，於是廣東餐館趁著華僑歸國而興旺起來。

　　因此五〇年代在台灣，尤其是北部，以北方菜和廣東菜最為流行，前者有國內的顧客，後者卻是靠大量華僑歸國的廣大的市場。

　　在五〇年代台灣的飲酒，都以本土釀造為主，因為菸酒公賣，洋菸和洋酒均屬奢侈品，非一般靠薪水過活的人所能承受。本土酒當然以高粱酒最受歡迎，而來自金門的高粱和大麴酒，卻是頗受欣羨的美酒，其身價有

時還在洋酒之上。

在當時在本土的釀酒中，最先只有清酒、五加皮藥酒和烏梅酒在餐桌上亮相，台灣的啤酒還沒有研發出來。

因此整個五〇年代，台灣的餐飲文化，侷限於一隅之地不能發展，最直接的原因自然和經濟發展有關。在那個時代家家戶戶都先求溫飽再說，至於上館子對一般人來說，是一件不得了的大事。除此之外，當時政府仍接受美援，當一個國家從政府到民間都是處於接受救濟的階段，飲食文化自無發展的潛力。

到了五〇年代末期，川菜、湘菜相繼在台灣流行起來，主要原因是一些大戶人家的私廚先後離開主人家出外闖天下。這些名廚本身都有一流廚藝，他們到市場創業，自然是以廚藝為號召，而他們以前不外傳的名菜，也在他們主掌的餐館陸續和顧客見面。

喜好新鮮是人類的特性，當川菜和湘菜出現後，對常吃北方菜和廣東菜的人而言，改改胃口也變成一種時尚。這時淮揚麵點也另樹一幟，揚州的小籠湯包開始和顧客見面，揚州著名的「皮包水」的精湛美食也獲得市場的熱烈回應。

從五〇年代末到六〇年代初，江浙菜也開始在台灣闖出名號，江浙菜能獲得熱烈回應，反應出台灣的經濟已邁向起飛之路，因為江浙菜是中國菜的主流，使用材

料非常考究，因此價格上也高於其他各家。顧客能夠熱烈支持，表示他們的收入已較以往提高，有了餘錢才能講究精緻美食。

從六〇年代中葉開始，台灣的料理開始進入百家爭鳴的階段，廣東菜、江浙菜、川菜、湘菜和北方菜是五大主流，其間還夾著一些旁支，如雲南菜、淮揚菜和福州菜等。

進入七〇年代，台灣已是亞洲的四小龍之一，老百姓收入增多，除了固定的口味外，也開始品嚐其他的口味，他們發現各種菜自有其特色，如果只專注於一種菜的口味，無形中讓自己失去品嚐其他菜餚的機會，於是台灣食客也變成多種口味的品嚐家。

當人們的胃口達到可以包容不同口味的時候，餐飲業者也要開始動腦筋到鞏固客源的方法上。

二、從爭鳴到整合

從七〇年代開始，台灣的飲食開始走到新的境界，先從飲的方面講起。

台灣菸酒公賣局終於在研發方面動了一下腦筋，紹興酒取代了清酒，成了飯桌上的新寵。隨著經濟慢慢地起飛，一般吃客對酒的求要也有別於以往，公賣局也在此時推出了本土的陳年紹興和更高一級的花雕。由於中

國菜和稻米釀造的紹興酒系列非常相配，因此它們也就成為飯桌上的主流。金門高粱也是非常叫座的烈酒，但金門高粱在金門釀造，好的高粱酒不容易在全省各地買得到，在酒宴中只能以「高級」姿態出現。台灣啤酒則是從七○年代開始，變成餐桌上的突起異軍，並廣受歡迎，特別是一般普羅大眾，視啤酒為生津止渴的「良方」。

七○年代末期開始，大陸的烈酒也開始在台灣的餐桌上佔了一席重要的地位，最初是以茅台最受歡迎，因為 1972 年美國總統尼克森訪問中國大陸，周恩來在招待尼克森的國宴上，用茅台酒和中國菜相佐，茅台經國際媒體的傳播一時之間聲名大噪，一夜之間成為國際餐桌上的稀客，而且非常受寵。由於金門馬祖和大陸只有一水之隔，走私過來的茅台酒，成了台灣餐飲界的新貴，茅台之風也開始吹遍寶島的飲食界。

眾所週知，茅台要經過蒸餾陳年一段時間才能出廠的，但由於市場大量需求，大陸貴州茅台為了應付市場需求，也就把陳年的時間縮短，並加重香料以減輕本身因陳年不足所引發的辛辣味。當一件貨品在市場上出現供不應求，而本身又無法突破產量不足的瓶頸時，只有兩個壞現象出現：第一是本身品質急速下降；第二是假貨充斥市場。很不幸的，這兩個壞現象不但在大陸發生，而且也蔓延到台灣。於是大陸茅台酒充斥台灣市場，因喝茅台酒而發生的悲劇，在兩岸都罄竹難書。

　　除了大陸烈酒之外，英法兩國的威士忌和白蘭地酒也變成另類新貴，使得七〇～八〇年代台灣的飲酒分成三大主流：

　　第一是本土的紹興酒系列和啤酒。

　　第二是大陸的茅台烈酒系列。

　　第三是威士忌和白蘭地酒的洋酒系列。

　　從七〇年代開始，台灣的吃也開始整合，Fusion菜餚一步步發展出來。江浙菜也有了辣的口味，川菜不再以辛辣為號召，湘菜也加入了其他的味料，至於粵菜也有的和客家菜相合，點心類也加入了些外省點心。

　　當社會開始走入富裕環境之後，人們對吃的要求也有了講究，其中最突出的莫過於餐館的裝潢走向精緻，服務的水準也走向以客為尊，廚師更有的走到前台來當眾表演，廚師再也不是只在充滿油煙的廚房裡，扮演見不得人的角色。

　　八〇年代開始，中餐西吃的方式開始流行，其中變化最大的莫過於「價錢」，以往是以一桌多少錢計算，現在卻以人頭計算「per head」一個人多少錢。菜的款色多了、菜的刀工更精緻了、服務人員的水準也隨之提高，用料也不只局限於某一種省籍料理，鮑魚、龍蝦和魚翅，以往多見於廣東餐廳，八〇年代開始，各地料理也都以此三種海鮮做號召。

　　於是，經過整合之後，台灣原來以各省料理而出名

等五大主流和兩大支流，開始淡出餐飲界，取而代之的
卻是以融合各家口味的菜餚餐飲開始當道。

三、本土料理興起及葡萄酒的入侵

　　當李登輝主政進入本土政治主流掌控國家政局後，
主菜開始邁入台灣餐飲的主流時代，「飲食是政治正確
的指標」這句話一點都不假，也是衡諸中外而皆準的真
理，因為統治階層所喜愛的食品，經過媒體的報導，自
然會蔚然成風，台菜變成李前總統時代的主流，自不例
外。

　　當然九〇年代的台菜和五〇年代的台菜相比有天壤
之別，就以用料而言，前者遠超過後者，菜式和手藝兩
者相比，也不可同日而語。

　　嚴格講起來台菜的先天缺點是以小吃為主，而沒有
山珍海味的大菜氣勢，且台菜局限於海鮮的烹調，不善
於運用其他材料，以國宴而言，小吃也都出現在國宴菜
單之上，於是台灣的小吃變成台菜的主流，從基隆到高
雄，每個城鎮都有以當地菜餚作為招攬遊客的特色。可
是誰也想不到台灣小吃已變成國際知名的美食招牌，也
為台灣觀光開拓了一條新的推廣路線。

　　台灣自八〇年代開放觀光以來，國人出國旅遊成為
時尚，出國旅遊次數越多見識自然越廣，飲食的胃口也
隨之大開。

九〇年代是台灣經濟發展最為蓬勃的年代，隨著威權體制的式微，菸酒公賣制度也不再受到社會廣大民眾的歡迎，威權統治和菸酒公賣不合時宜的制度也都在九〇年代走入歷史。

菸酒公賣制度取消後，台灣的洋酒市場也立刻變成「戰國時代」，其中最值得一提的是，紅葡萄酒異軍突起，隨著政治人物人手一杯紅葡萄酒的影響，東施效顰之輩多如過江之鯽，引進紅葡萄酒頓時變成熱門生意。不過做進口洋酒生意的人，萬萬沒有想到葡萄酒是門大學問，不是光靠有錢進口就能把生意做起來，短短幾年之間，台灣葡萄酒市場由盛而衰，甚至淪落到超商也能買到葡萄酒的地步，這也可以說是一種諷刺。

目前一般人又走回到用烈酒伴菜的老習慣，查其原因不外是：

1. 葡萄酒是用來品嚐而非乾杯的酒，再者葡萄酒會和中菜中的味精相沖，對某些人而言也不合適。

2. 乾杯場面仍是本地人吃飯的「主流」，大杯葡萄酒不易乾杯，小杯的烈酒，反而容易入口。

3. 好的紅葡萄酒太貴，非一般愛拚酒的人所能負擔，威士忌和白蘭地價格相宜，當然極品例外，普羅大眾均可負擔。

第二節
台灣的茶和咖啡

　　在台灣的非酒精的飲料中，本土出產的茶葉和咖啡，應該占有一席重要的地位。

　　首先從茶談起。台灣人愛喝茶，但茶的品質也和經濟起飛的腳步快慢有連帶關係。在五〇年代，台灣的茶並非極品，一般中式餐廳所飲的茶都是大壺泡好的，即使是廣式餐飲所用的茶，雖然是現泡，但茶葉本身的質地都非上選。至於一般家庭的飲料，多以白開水為主，鮮有泡好茶自飲的家庭。至於當時茶葉的包裝更無講究可言。一般人到茶莊買茶都是從大茶桶裡面挑出來，然後用秤稱重量，購茶多數是以兩計算，然後用紙包起來。

　　到了七〇年代末期，台灣隨著經濟起飛，老百姓的胃口也挑剔起來。對美食要講究，對喝茶也重視起來。台灣的茶種雖然大部分來自中國，但在全球獨步精密農業改良下，台灣茶開始走出了自己的路。

　　要說台灣茶真正獨步全球市場，應該是從九〇年代台灣茶商懂得包裝開始。真空包裝讓茶葉可以延長保存時間；精緻的禮盒包裝，讓茶葉成為重要餽贈禮品。在此同時，台灣茶農紛紛到大陸開闢農場種植茶葉，並把種茶的技巧傳給大陸茶農。兩岸茶農的交流，讓台灣進

入大陸市場，台灣茶的名號也就響亮起來。

　　隨著人民財富的大幅增加，喝茶也轉為品茗。在品茶的境界中，茶皿和茶具成為要角。很多有品味的家庭，特別在家裡闢一間茶室，讓三五好友一起來品茗。購買茶葉也不似以往用秤以兩計，而是用半公斤或一公斤計算，然後再用真空方式包裝起來。

　　到了上個世紀九〇年代末，台灣的茶園開始和觀光結合，因為台灣茶產區多集中在丘陵地帶，高度約在海拔五〇〇至一五〇〇公尺之間，也是優美的風景觀光區，於是農業休閒觀光成為時尚，觀光茶園不但吸引本土遊客，連外國遊客，特別是日本旅客和大陸旅客，都成為茶園的上賓。

　　台灣的觀光茶園都和它本身出產的茶葉特色相關連，因此到觀光茶園從事休閒活動，在飽覽風光之餘順便購買茶區特產，日後自飲或是伴手禮，成為一種時尚。

台灣的觀光茶園

鹿谷茶園是烏龍茶的故鄉
坪林茶區則是文山包種茶的發源地
木柵茶區以產台灣鐵觀音而知名
新竹茶區則是台灣白毫烏龍茶的主產地
阿里山茶區因名而得利，是高山茶的代表茶
花蓮茶區則以「天鶴茶」而出名

　　台灣種植咖啡始於日本統治時代，日本人從英國引進阿拉比卡咖啡種和從印尼爪哇引進印尼咖啡品種，當時日本人在台灣種植咖啡並非以喝為主，只是一種實驗的種植，其中以惠蓀實驗林場是最好的一個例子。因此，台灣人並沒有養成喝咖啡的習慣，咖啡也不是飲料的主流。

　　從八〇年代開始，隨著經濟起飛，國人到海外旅遊成為時尚之後，喝咖啡的風氣也隨之而起。不過，八〇年代所喝的咖啡，仍是以即溶咖啡為主流，即使是現煮的咖啡，也不是用咖啡豆現磨、現煮，而是用磨好的罐裝咖啡沫放進咖啡壺內煮泡，儘管如此，也算是一種高級享受。

　　在台灣，咖啡成為時尚飲料的日子並不算久，它是等到美國「星巴克」咖啡店（Starbucks）在廿一世紀初葉進駐台北之後，才改變了台灣消費大眾對喝咖啡的認知。星巴克不但改變了美國人喝咖啡的習慣，它也改變了台灣的咖啡文化。

　　星巴克進入台灣市場後，立即帶動了一連串改良喝咖啡的運動。不論大街小巷，咖啡館林立，它們是提供上班族解決午餐最好的地方。咖啡的式樣也多元化。最重要的是，咖啡也和茶一樣，不但是經濟繁榮的表徵，也提昇了社會大眾生活的水平。

　　在這裡值得一提的是，台灣的「黑松汽水」陪伴台

灣大眾走過一段漫長的歲月，它是台灣最早的碳水化合物飲料，也是台灣從接受美援到自給自足而躍進經濟起飛的時代見證人。

結　語

　　從 1950～2005 這半世紀間，台灣飲食文化可說是起起伏伏。飲食文化是反應當前社會興衰的最好指標。在過去五十年間，它都做了正確反應，希望人們能在飲食之餘，體會社會的榮枯至理。大家不妨想想，為何現在超商的便當盒這麼流行，而大餐館卻好景不再呢？

第二十章
咖啡
飲料中的另類

第一節
咖啡和葡萄酒

　　你可曾知道，極品咖啡和極品波都紅葡萄酒一樣，是需要全力呵護才能生產出來的嗎？從種植的品種，到土壤和日照，從地形的高低到水分的灌溉，都需要細心的照顧，不然的話，它就會和一般咖啡一樣，只能在超級市場掛牌了！

　　老實講，種咖啡比種葡萄還要困難和複雜，就以咖啡豆的香味成分而言，就有一千五百多種之多，幾乎是葡萄酒的三倍。一個品酒專家如果能分辨出兩百多種以上的葡萄酒的味道，就是專之又專的專家了。試問，品

嚐咖啡味道的專家，要分辨多少香味，才能稱之為專家呢？咖啡和葡萄一樣，除了全力投入之外，都是要看老天爺的臉吃飯。如果反覆無常的氣候在種植或收成時常出現，那麼，這一年的咖啡收成注定失敗。

種咖啡比種葡萄更困難的一個主要原因是，咖啡的種植地帶只限於以赤道為中線往上下延伸的北回歸線和南回歸線之間的一條狹長地帶。不過，咖啡雖然是在熱帶地方生長，但咖啡的本身，卻不喜歡熱帶型氣候。這也是為什麼極品咖啡都是種在海拔三千到七千英尺以上的山地的原因。對種極品咖啡而言，地形高度確是一個奇妙的因素。不過，種咖啡的人都知道果，但始終找不到因，最後只好用「奇妙」這個字來解釋了。它就好像法國的波都紅酒一樣，很多無法解釋的因素，最後都歸納到奇蹟身上了！

咖啡一定要種在高原上可以解釋的原因是，首先，高地的咖啡不易接觸傳染病，而種在水平地面上的咖啡，則常受植物病害或蟲害，瞬間整個咖啡園就會被摧毀；另外一個原因是，高原地出產的咖啡果非常堅實。硬咖啡豆在烘烤時，其耐熱度遠較軟咖啡豆為高。硬的咖啡，它就是烘烤越久，其味越香。

咖啡和葡萄酒一樣，好的香味始於成熟的果實。不過，以咖啡而言，它指的不是果，而指的是果核。也就是一般所言的咖啡豆。當咖啡樹開始結果時，它的顏色呈現出像白櫻桃一樣的顏色，黃中帶紅，等到成熟之

後，它的顏色就會變成像黑櫻桃一樣，呈深紫紅色。做咖啡的貿易商們把咖啡果稱之為「櫻桃」。

咖啡的成熟期約在十一月到來年的一月，從樹上摘下咖啡果之後，二十四小時之內就要處理好，否則，咖啡的原味就會走失。這和釀酒的葡萄一樣，摘下來就要清理好。葡萄酒用的葡萄需要發酵，因為發酵之後，才會產生酒精成分，同樣的，咖啡豆也需要發酵，主要原因是，利用發酵過程清除咖啡果仁上的黏液，而不是要它產生酒精。

優品質的咖啡，除了上述的有利因素之外，它和極品葡萄酒一樣，也要經過陳年之後才能出售的。

第二節
咖啡和它的歷史

　　如果要尋根的話，咖啡的根是在非洲和中東。然而，它卻經過一段遙遠的路和漫長的歲月，最後終於在新世界裡找到新生命。

　　根據科學家和歷史學家們的驗證，最早種植咖啡的地方應是非洲的衣索匹亞或者是阿拉伯半島上的葉門，兩地只有紅海之隔。早在基督誕生前一千年，人類就開始把它當作糧食了。

　　人類最初是把咖啡當成水果看待，他們稱咖啡為「櫻桃」，是用來當水果生吃的。隨後，祖先們懂得把咖啡磨成粉，然後加上動物油，再把它凝結起來，變成一種高熱量的糕餅，是為主食的一種。有些人嚼咖啡豆提神，還有些人把咖啡果和咖啡粉混在一起泡水，製造成像茶一樣的飲料，另外有些人把發酵的咖啡拿來當酒喝。直到十六世紀，人類才知道烘烤咖啡豆，隨後將之磨成粉狀，然後加熱水泡了才喝。那時還沒有人用牛奶，不過，確有人加大量的糖和香料如豆蔻和肉桂，使之成為早晨起床後的「提神」飲料。

　　約在西元 525 年，衣索匹亞大軍入侵阿拉伯半島，及現今之葉門，隨軍所至，野生的咖啡樹也帶到南葉門

種植，於是，咖啡也就在葉門發展了新的生命。當初，阿拉伯人只把咖啡當作一種藥物或者是作為宗教之用，不過，咖啡旋風很快吹遍整個阿拉伯世界。咖啡屋如雨後春筍般在伊斯蘭世界的領域裡出現。喝咖啡蔚然成風，變成一種時尚。

　　鄂圖曼帝國在 1536 年佔領葉門，在往後的兩百年中，土耳其禁止生的咖啡果從葉門出口，以防止私自運到海外種植，當然，烘烤過的咖啡，不在此限。不過，生的咖啡果還是被走私客偷運到外地，首先運到南印度，隨後，荷蘭人把咖啡果偷運到錫蘭種植，然後再運到荷屬東印度群島如爪哇和蘇門答臘兩地試耕。儘管鄂圖曼政府禁止咖啡豆從葉門運出，但在十七世紀中葉，義大利小販隨巧克力及檸檬水一起，公開出售咖啡。

紗布袋泡咖啡的原始方式，至今日仍在哥斯大尼加流行

　　十八世紀初葉，法國人首度使用過濾方法來喝咖啡。它是用紗布袋把咖啡包好，然後放進壺裡用開水燙泡，等到香味出來之後再喝。西元 1720 年，法國人把咖啡帶到新大陸的法屬殖民地馬丁尼克，幾年之後，葡萄牙人把咖啡傳到南美洲的巴西。

　　到了十八世紀末葉，咖啡可以說是全球性的飲料了。不過，東西方世界喝咖啡最大不同的習慣是，中東和南地中海的國家的人喝咖啡時，加特別多的糖以增加

甜味，但絕大多數的人是喝黑咖啡的；居住在北歐、西歐和美國的人，喝咖啡時多會加牛奶。地球村雖然形成，但人們的日常生活習慣，仍可把它割裂成二，喝咖啡是其最好一個例子。

二次大戰結束之後，「大量生產」廣為美國產業所使用。因此，美國咖啡也同樣犯了重量不重質和低質傾銷的毛病。於是，「割喉戰」的結果，自然是劣質驅逐優質。它先前發生在美國葡萄酒身上，接著發生在咖啡的身上。

大約到上個世紀的八〇年代，Starbucks 興起，迅速在美國各大小城出現，自始，它徹底改變美國人對優質咖啡的定義。以往，即使是五星級的飯店，客人在餐廳吃早餐，服務生的第一件服務事項是先把一壺咖啡放在客人桌上，讓客人「自倒自飲」，咖啡變成一壺之後，哪有品質可言！現在，美國人曉得喝咖啡是一種享受了。喝咖啡的層次提高，咖啡的品質自然提高。

從上個世紀的八〇年代開始，美國的葡萄農們發憤圖強，改良了葡萄品種，從泛泛提昇到極品，咖啡也是一樣。

第三節
世界上的咖啡名產地

一、肯亞

不要以為「肯亞 AA」（KENYA AA），就是肯亞的極品咖啡，其實，AA 標籤不是指咖啡品質的優劣，而是指咖啡豆粒的大小。

二、衣索匹亞

它的咖啡特色是非常的香，但酸度濃和苦澀，餘味十足，是喜歡喝強烈咖啡的人的最愛。不過衣索匹亞經過長年內戰，民生凋敝，目前在咖啡市場上已沒有什麼地位。

三、葉門

葉門的咖啡性質和衣索匹亞的咖啡近似，不過，它比後者更濃烈。

四、塔山尼亞

　　塔山尼亞出產的「碗豆顆粒咖啡」（Peaberry Coffee）最為有名。這種咖啡是由整顆圓形咖啡豆磨成。一般咖啡豆都是呈半粒狀，塔國咖啡要比肯亞咖啡更濃、更香。但它卻少肯亞咖啡的多樣化。

五、牙買加

　　一般人以為藍山咖啡非哥倫比亞莫屬，其實，牙買加才是「藍山咖啡」的老家。而牙買加藍山咖啡，也是世界上價格最昂貴的咖啡的一種。不過，由於名字響亮，它也變成世界上最受模仿的咖啡之一。因在，在買咖啡的時候千萬要注意，如果品牌上印有「藍山口味咖啡」（Blue Mountain-Style Coffee）的字樣的話，它可能連一顆藍山咖啡豆也沒有。

六、哥倫比亞、哥斯大尼加

　　哥倫比亞出產的咖啡品質一向都能維持水準，它和哥斯大尼加的極品咖啡類似，都是以味道強勁而著稱。

七、巴西

巴西咖啡樹多種植在丘陵山區，因為坡度不高，故
咖啡本身的酸度相對較低而帶稍許甜度，故極適合用來
煮 Espresso。

八、夏威夷

夏威夷大島的康納 Kona 地區出產的咖啡種類中，
有一些可以說是世界上最昂貴的咖啡了。康納咖啡的種
植地區雖然不高，但是它獨特的地形，卻可以模仿生產
出高地型的咖啡，因而帶有優質酸度、奇妙香味和具有
葡萄酒味的中濃度咖啡，這也是它價錢昂貴的主要原因
之一。

不過，要買康納咖啡的時候，千萬要注意標籤上所
寫的字。如果標籤上寫著「Kona Blend」兩個字的話，
千萬不要去買。因為混合的康納咖啡，其中純正康納咖
啡豆的含量，不會超過百分之十以上。

九、印尼咖啡

　　印尼出產一些世界上極負盛名的咖啡,其中以蘇門答臘島上的曼希陵咖啡(Mandheling Coffee)為最。它的最大特色是色澤深濃而且風味極佳,它也可以說是咖啡世界上的巴魯羅斯。

> 巴魯羅斯是義大利彼得蒙特酒區的極品酒莊

十、越南

　　西元2003年,越南在世界的咖啡市場上異軍突起,取代哥倫比亞成為僅次於巴西的世界第二大咖啡產量國。不幸的是,由於重量不重質的結果,越南咖啡也淪為超級市場的廉價消費品。

第四節　結語

　　雖然咖啡和葡萄酒一樣，從出生到製成，都需經過一段複雜的製造過程。咖啡和葡萄不同的是，前者多了一個 X 因素。什麼是 X 因素呢？那就是買咖啡的人——你自己。

　　它和葡萄酒不一樣，因為顧客買了一瓶葡萄酒之後，可以馬上開瓶就喝，可是咖啡卻不一樣，當咖啡豆買回家之後（現成咖啡自不在討論之列），要仔細的磨，它是要喝多少，就磨多少，餘下的咖啡還要善加保存。磨咖啡豆的工具要講究，而煮咖啡的水要經過過濾，煮的溫度要適中，最重要的是，煮了之後立刻要喝。當喝一杯自己煮的香濃咖啡的時候，最好忘記兩件事：牛奶和糖。

　　如果你能注意到上述諸點的話，下回再享受一杯咖啡時，它的氣氛就會和享受一杯美酒一樣了。

新萬有文庫

世界美食風華錄

作者◆楊本禮

發行人◆王學哲

總編輯◆方鵬程

主編◆葉幗英

責任編輯◆翁慧君

封面設計◆李顯寧

校對◆陸麗娜、林昌榮

出版發行：臺灣商務印書館股份有限公司

台北市重慶南路一段三十七號

電話：(02)2371-3712

讀者服務專線：0800056196

郵撥：0000165-1

網路書店：www.cptw.com.tw

E-mail：cptw@cptw.com.tw

網址：www.cptw.com.tw

局版北市業字第 993 號

初版一刷：2007 年 3 月

定價：新台幣 290 元

ISBN 978-957-05-2136-8

世界美食風華錄 ／ 楊本禮著 . -- 初版. --

臺北市 ： 臺灣商務, 2007[民 96]

面 ； 公分. --（新萬有文庫）

ISBN 978-957-05-2136-8(平裝)

1. 飲食 - 文化
2. 飲食（風俗）

538.7   95024891

《讓孔子教我們愛》

作者　曾昭旭

定價　290 元

書系　中國人的生活智慧叢書

　　本書的寫法是作者的另一種嘗試，就是不再依經解義，而轉以人的生活為經，順著自然生成的脈絡，一面論述人生義理，同時隨緣引《論語》原典以相印證，希冀此種以人為經，以典籍為緯的方式，會更貼近人生，也更能拉近經典與現代人的距離。讓傳統文化的智慧與菁華，在不久的未來，重新讓世人驚豔！

《走在莊子逍遙的路上》

作者　王邦雄

定價　290 元

書系　中國人的生活智慧叢書

　　老子開宗立教，言簡意賅，全書五千言，而體大思精；莊子薪傳論道，謬悠荒唐，且深藏在重言、寓言的虛擬情境中，義理反而隱晦不顯。故讀莊解莊，得別具慧心，穿透重重文字障與概念障，而抉發意在言外的微旨理趣。本書分別以八個講次，將《莊子》的精華〈內七篇〉融會貫通，而以「道通為一」自成體系的姿態，讓莊子的人生智慧朗現在現代人的面前。

《孟子的生活智慧》

作者　劉錦賢

定價　390元

書系　中國人的生活智慧叢書

　　孟子與孔子的精神前後呼應，他將孔子渾圓通透的德慧辨而示之，完成了儒家聖學的弘大規模。孟子深刻體會到惟有立人道於仁義，才能安頓生命，才能使生活過得充實而有意義；所以他的千言萬語，總離不開真誠惻怛的道德本心。本書計七章，除第一章〈導論〉外，其餘分〈心性內涵〉、〈進德要領〉、〈價值評斷〉、〈政治觀點〉、〈處世態度〉與〈人生理想－結論〉，計51項目，將孟子的生活智慧，作全幅的披露。

《新道家與治療學 —— 老子的智慧》

作者　林安梧

定價　290元

書系　中國人的生活智慧叢書

　　「道家」不只是放浪形骸，不只是消極避世！

　　「道」是總體的根源，「家」是人於天地間的「居宅」！

　　「新道家」強調的是那總體根源的「道」如何落實於人間世的居宅，讓那被扭曲異化變形的物，能經由一「治療的過程」，而「歸根復命」，讓天地如其為天地，讓萬物如其名為萬物。

100臺北市重慶南路一段37號

臺灣商務印書館　收

對摺寄回，謝謝！

傳統現代　並翼而翔

Flying with the wings of tradition and modernity.

讀者回函卡

感謝您對本館的支持，為加強對您的服務，請填妥此卡，免付郵資寄回，可隨時收到本館最新出版訊息，及享受各種優惠。

姓名：＿＿＿＿＿＿＿＿＿＿＿＿＿＿＿＿ 性別：□男 □女

出生日期：＿＿＿年＿＿＿月＿＿＿日

職業：□學生 □公務（含軍警） □家管 □服務 □金融 □製造
　　　□資訊 □大眾傳播 □自由業 □農漁牧 □退休 □其他

學歷：□高中以下（含高中） □大專 □研究所（含以上）

地址：＿＿＿＿＿＿＿＿＿＿＿＿＿＿＿＿＿＿＿＿＿＿＿＿＿
　　　＿＿＿＿＿＿＿＿＿＿＿＿＿＿＿＿＿＿＿＿＿＿＿＿＿

電話：（H）＿＿＿＿＿＿＿＿＿＿（O）＿＿＿＿＿＿＿＿＿＿

E-mail:＿＿＿＿＿＿＿＿＿＿＿＿＿＿＿＿＿＿＿＿＿＿＿＿

購買書名：＿＿＿＿＿＿＿＿＿＿＿＿＿＿＿＿＿＿＿＿＿＿

您從何處得知本書？

□書店 □報紙廣告 □報紙專欄 □雜誌廣告 □DM廣告
□傳單 □親友介紹 □電視廣播 □其他

您對本書的意見？（A/滿意 B/尚可 C/需改進）

內容＿＿＿＿ 編輯＿＿＿＿ 校對＿＿＿＿ 翻譯＿＿＿＿

封面設計＿＿＿＿ 價格＿＿＿＿ 其他＿＿＿＿＿＿＿＿＿

您的建議：＿＿＿＿＿＿＿＿＿＿＿＿＿＿＿＿＿＿＿＿＿＿
　　　　　＿＿＿＿＿＿＿＿＿＿＿＿＿＿＿＿＿＿＿＿＿＿
　　　　　＿＿＿＿＿＿＿＿＿＿＿＿＿＿＿＿＿＿＿＿＿＿

臺灣商務印書館

台北市重慶南路一段三十七號 電話：（02）23713712轉分機50~57
讀者服務專線：0800056196 傳真：（02）23710274
郵撥：0000165-1號 E-mail：cptw@cptw.com.tw
網路書店網址：www.cptw.com.tw